SABORES
CON TRADICIÓN

SABORES CON TRADICIÓN

disfruta cocinando

ANA DUATO / ZULEMA DUATO

Rocaeditorial

© Zulema Duato, Ana Duato y Teresa Peyrí, 2016

Diseño: Vicky Heredero
Fotografías: Teresa Peyrí
Fotografías del restaurante, página 168: Gonzalo Pons
Optimización de imágenes: Paolo Tagliolini
Corrección de estilo: Pilar Calleja

Primera edición: noviembre de 2016

© de esta edición: Roca Editorial de Libros, S. L.
Av. Marquès de l'Argentera 17, pral.
08003 Barcelona
actualidad@rocaeditorial.com
www.rocalibros.com

Impreso por EGEDSA
Roís de Corella 12-16, nave 1
Sabadell (Barcelona)

ISBN: 978-84-16498-22-2
Depósito legal: B-18774-2016
Código IBIC: WBB

RE98222

A nuestra madre...
que también nos enseñó a cocinar.

índice

Recuerdos de familia

Zulema Boix, madre de Ana y Zulema

Mis hijas, Zulema y Ana, fueron desde pequeñas unas niñas muy comilonas. Sobre todo Zulema, que tenía un apetito voraz; Ana comía de manera más comedida. Por suerte, nunca tuvimos el problema de si las niñas comían o no... no hizo falta que les diéramos vitaminas; como decíamos entonces, las llevaban dentro. Y eso que se comía lo que había, gustara más o menos —nada de caprichos— , y lo hacían sin protestar porque creo que sentían placer por la comida.

En casa, la tradición por el buen comer viene de mi marido. Cuando nos casamos, sabía que le gustaba comer y, la verdad, yo no tenía mucha idea de cocinar, más bien al revés. Pero fui animándome y vi que sí, que me defendía y cada vez lo disfrutaba más. Fíjate que a mi madre no le gustaba nada cocinar, pero a mí sí; a lo mejor era por llevarle la contraria.

Casi siempre había invitados, así que tenía que preparar cenas, comidas... Recuerdo que me decían que la tortilla de patata era mi plato estrella.

De todas formas, me gustaba probar recetas de otros sitios. Nos encantaba la pasta, y cuando fui a Italia descubrí una cocina que aquí no era conocida. La pasta en España eran solo espaguetis con tomate, pero fui ampliando mis conocimientos sobre ella y la preparo de mil maneras diferentes. Según dice Joaquín, mi marido, ¡la hago casi, casi mejor que los italianos!

También me gusta la cocina francesa, pero me resulta algo pesada con tanta nata, leche evaporada, bechamel... Son platos para ocasiones especiales, pero para diario prefiero la italiana; la encuentro más ligera.

No puedo olvidarme de la familia de mi marido, a quien le debo mucho de mi amor por la cocina. Mi suegra era una excelente cocinera y aunque tenían una señora que les ayudaba, con catorce en la mesa cada día siempre había mucha tarea en los fogones. Mª José, una hermana de mi marido, cocina fenomenal, pero la que mejor lo hacía era mi cuñada Mirosi, la madre de Nacho Duato, el bailarín, que tenía unas recetas buenísimas y mucha mano. De hecho, mis hijas han heredado el gusto por la cocina, en buena parte de su familia paterna. Zulema conserva muchas recetas de su abuela y de sus tías, incluso algunas del libro están basadas en platos de ellas, como el pollo trufado.

A todos nos gusta comer bien, así que fue muy fácil inculcarles el cariño por la cocina. Porque claro, una niña que tiene problemas para comer, pues no le gusta cocinar. Pero este no fue su caso, nosotros hacíamos de la cena un momento especial, todos juntos alrededor de la mesa. ¡Nada de ver la tele mientras comíamos!

Con el paso de los años, como todo en la vida, he ido cogiendo experiencia y aprendiendo mucho sobre cocina porque me gusta. Si no aprecias el buen comer, nunca serás una buena cocinera. Cuando oigo «yo en mi casa no guiso», pienso, «pues no sé qué comerán, lo harán todo con microondas».

Seguimos haciendo platos tradicionales, esos que los jóvenes han dejado de lado, porque requieren tiempo, estar atento… un arroz caldosito, lentejas y, una vez a la semana, paella, que no por ser valencianos nos alimentamos solo de arroz.

Cuando mis hijas se marcharon de casa me di cuenta de que les habíamos inculcado el gusto por la comida. Y empecé a impartirles clases de cocina por teléfono, porque no se llevaron mucho aprendido de casa; todavía eran muy jóvenes. Aún hoy me siguen llamando para preguntarme cómo hacer este o aquel plato, sobre todo las chicas, que han salido más cocinillas que los chicos. Cuando me consultan algo, en especial Ana, Zulema menos…, procuro tener siempre una respuesta. Ana me dice que soy como un libro de cocina, pero de esos de toda la vida. Las dos alaban lo que hago, aseguran que todo me sale estupendo. Tan solo nos picamos un poco con la paella. Los hijos de Ana dicen que la de su madre es la mejor, pero Ana dice que es la mía; cada madre es insuperable a los ojos de sus hijos.

Mis nietos también han cogido el testigo de la cocina. Claudia, la hija de Zulema, que está fuera, dice que parece la cocinera de la casa en la que vive. Y es que, claro, es natural, lo ha visto hacer desde pequeña y no le cuesta. Y los hijos de Ana, sobre todo la pequeña María, que parece que apunta maneras… Y es que en casa todos somos unos disfrutones de la comida, aprendimos a valorarla y a quererla.

LA COCINA DE DIARIO DE ANA Y ZULEMA

El mercado es una actividad maravillosa llena de colores, olores y vida, que transmite optimismo y presenta una oferta variadísima para el bolsillo y la imaginación.

Una receta tiene tantas versiones como autores

Si te gusta toda la parafernalia que rodea a la elaboración de una receta, te resultará grato tanto el proceso como el resultado.

Y también tomamos conciencia de que colaboramos para mantener la dieta mediterránea y lo que culturalmente implica. El hecho de cocinar aprovechando los recursos de la naturaleza y disfrutarlos en torno a una mesa ayuda, sin duda, a nuestra salud física y mental. Y si vamos un poco mas allá, indirectamente protegemos nuestro paisaje, fomentando la agricultura, la ganadería y la pesca a través de los mercados locales. Así podemos revalorizar el trabajo del campo y concienciarnos de que protegiendo y respetando el mar preservamos sus especies y a los faenadores que viven de ellas.

Volviendo a los fogones y a sus numerosos intríngulis, es importante disponer de una despensa con unos mínimos imprescindibles para no tener que llamar cada cinco minutos a casa del vecino.

Son la base de cualquier receta, los mosqueteros de la cocina, aquellos que persisten cuando ya no queda nada: aceite, sal, azúcar, alguna especia y hierba aromática: pimienta negra, tomillo, pimentón, orégano, laurel, salvia; fideos, arroz, una lata de tomate, harina, lentejas, vinagre, una lata de sardinas o una botella de leche. Aquellos ingredientes capaces de salvar un día, pero que por sí solos no representan la alegría de la huerta.

Si un día temprano os acercáis a un mercado, creo que repetiréis la experiencia. Todos ellos merecen un voto de confianza. Sonreíd y reconoced en sus vendedores a personas que viven por y para el producto. Preguntad todas las dudas que tengáis; eso no es signo de ignorancia, sino de inquietud. También es una forma de percibir si quien os atiende, entiende. A veces complica el hecho de tener que comprar por kilos, gramos o cuartos. Es mejor hacerlo por unidades y fijarse en la balanza para aprender a medir mejor y también, sin desconfianza, te aseguras de la honradez de tu vendedor.

El mercado es una actividad maravillosa llena de colores, olores y vida, que transmite optimismo y presenta una oferta variadísima para el bolsillo y la imaginación. Si no estás acostumbrado a comprar en el mercado, es mejor llevar una lista e intentar ajustarse a ella. Aun así resulta inevitable resistirse a las tentaciones.

… Las frutas, las reconoceréis por su aroma. No es tan importante que sean perfectas como que sean de temporada, recolectadas maduras o que su transporte sea aéreo si vienen de otras latitudes.

Recuerdo a un vendedor maravilloso que contaba cómo huía de los camiones cargados de frutas y verduras que interesaban a los compradores de las grandes superficies y acudía raudo a los que estos descartaban. Mientras el pequeño comercio busca la idoneidad del producto al día, las grandes superficies calculan que el periodo de caducidad se prolongue al máximo.

Respecto a la charcutería, las denominaciones de origen, los gustos y las tentaciones marcan por completo la elección; con la carne ocurre más o menos lo mismo. Tiene que existir un entendimiento con tu carnicero y para ello es imprescindible confiar en sus conocimientos sobre los cortes más adecuados para cada preparación, que conozca la trazabilidad del producto: origen, alimentación, sistema de transporte, garantías en la cadena de frío. Y por supuesto, que la higiene sea evidente.

Cambiando de tercio, nos vamos al pescado. Con este, el olfato resulta fundamental, pero esta sensibilidad para apreciar el frescor de un pescado no siempre es posible. Es cierto que, a veces, si no conoces al vendedor es imposible olfatear las piezas acercando imprudentemente la nariz al mostrador, pero el cristalino de los ojos, el rojo de las agallas, la tersura de los lomos, que la sangre sea roja y líquida o que sus vísceras no estén verdes y marrones y hayan coloreado la carne de verde (sería hiel y amarga lo que toca) son aspectos que os servirán de ayuda para decidir si el pescado está en condiciones óptimas.

Seguro que todavía faltan infinidad de detalles que nos ayudarían a elegir cada alimento, pero poco a poco iréis captando los matices, las anécdotas, advertencias y placeres de la compra. Llega un punto en que es mejor vivirlo que leerlo. ¡Ánimo!, vale la pena.

Espaguetis con almejas

En nuestra casa, esta receta es siempre motivo de alegría. Nuestro padre cada vez que la come repite: «Es la vez que mejor os ha salido», y es que si hay un plato que defina a nuestros padres es este. Él se sabe la receta de memoria y corrige a nuestra madre si considera que se salta algún paso o ingrediente; la probaron por primera vez en Venecia durante su viaje de novios y nos ha acompañado toda la vida como un buen presagio. Cada una de nosotras tenemos nuestra particular versión, pero la de nuestra madre prevalece como la auténtica.

INGREDIENTES

500 g de almejas

400 g de espaguetis

2 dientes de ajo

1 o 1/2 guindilla (según os guste el picante)

perejil picado fresco (un puñadito)

aceite de oliva virgen

vino blanco

sal gruesa

ELABORACIÓN

Dejamos las almejas en remojo, para que suelten la arena, unos 30 minutos.

Ponemos en un recipiente abundante agua a hervir, le añadimos sal gruesa y probamos el agua; si está demasiado salada os fastidiará la receta, así que hacedlo con prudencia. Añadimos la pasta y la cocemos hasta que esté al dente.

Al tiempo, en una cazuelita disponemos las almejas escurridas y enjuagadas con un chorrito de aceite y otro de vino (si queréis). En cuanto se abran las almejas, las retiramos del fuego.

En una sartén, doramos los ajos laminados y la guindilla, a fuego lento. Escurrimos la pasta, reservando un poco del agua de cocerla.

Mezclamos la pasta con los ajos, las guindillas y las almejas, y con todo el juguito que hayan soltado. Removemos, añadimos un poco del agua de cocción reservada, para dejarlos más jugosos, y espolvoreamos con perejil.

Y sentaos a comer *ipso facto* o, quizá mejor, estad todos sentados cuando esa sartén llena de amor salga a la mesa.

Y también...

Los espaguetis, como toda la pasta, es un alimento superagradecido. Se puede combinar con mil ingredientes: espárragos, berenjena, salmón... Y siempre queda para chuparse los dedos.

Ensaladilla rusa

Quizás este plato tan sencillo no requiera explicación, pero a nosotras nos gusta incluirlo entre nuestros favoritos y nos sentimos orgullosas de nuestra receta porque es muy fácil y está buenísima. Nos jaleamos cada vez que una se la prepara a la otra, pero nuestra familia nos juzga sin piedad, mientras se la come sin ninguna generosidad. Es un momento crucial, pues no hay ni un solo comentario que se libre de crítica. Nos gusta, nos divierte y nos hace reír. Por descontado, nuestra madre tiene su propia versión, que ha perfeccionado a través de los años, y considera que la nuestra es la típica de bar. Nos lo dice con cierto menosprecio, pero los bares y la ensaladilla son la combinación perfecta.

INGREDIENTES

4 patatas medianas

2 o 3 zanahorias

7 huevos

1 lata de atún en aceite de oliva (125 g)

1 lata de atún en escabeche (125 g)

1 lata de aceitunas rellenas y su jugo (125 g)

sal gruesa

sal

aceite de girasol

aceite de oliva virgen

el zumo de 1/2 limón

ELABORACIÓN

Lavamos las patatas y las cocemos con piel en abundante agua con sal gruesa (no mucha porque si no quedarán saladas); lo ideal es que haya consumido el agua en el momento en que están cocidas. Cocemos también 4 huevos en agua con sal unos 6 minutos.

Hervimos las zanahorias en agua sin sal 10 minutos; no importa que queden al dente, luego se cortan muy pequeñitas y es irrelevante si están más o menos cocidas. Escurrimos todo, dejamos enfriar y lo pelamos.

Mientras, preparamos la mayonesa. Cascamos en un vaso el resto de los huevos, añadimos un pellizco de sal y cubrimos con aceite de girasol (unos tres dedos por encima). Empezamos a batir con la batidora desde el fondo y, muy lentamente, vamos subiéndola. Cuando comprobamos que la mezcla está ligada, añadimos poco a poco más aceite hasta conseguir la densidad deseada. Entre medias, le añadimos el zumo, rectificamos de sal y agregamos un chorrito de aceite. Nuestro toque es incorporar una cucharada de mostaza de Dijon y dos de yogur griego.

En otro vaso medidor colocamos las dos latas de atún escurridas, añadimos dos cucharadas de mayonesa y trituramos. Troceamos las aceitunas y guardamos el líquido, que luego usaremos para rectificar la sazón.

Una vez fríos la patata, la zanahoria y los huevos, los troceamos. La patata, muy pequeña; no tiene que ser de una forma regular, ya que en muchos sitios la aplastan con un tenedor. La zanahoria, también la partimos pequeñita, lo mismo que el huevo, o lo rallamos. Los añadimos a la mezcla de atún con las aceitunas y, con tiento de no pasarnos, agregamos el resto de la mayonesa y un poco del líquido de las aceitunas; el punto tendréis que decidirlo con vuestro paladar.

Nuestros trucos

Procuramos que todas las patatas tengan el mismo tamaño para que cuezan al tiempo. Es mejor elegirlas firmes, que no se deshagan durante la cocción, como las *kennebec*, agria *caesar*… Nos gusta servirla con una nube de mahonesa y con picos o regañás. Todo lo más crujientes posible y ¡¡a disfrutar!!

Menestra de verduras

*Este clásico del recetario español tiene una versión en cada región, pueblo, ciudad o casa.
Y para más variables, según la temporada y el mercado, los ingredientes también cambian.
Es una receta sencilla, y cuanto mejor sea la calidad de las verduras, menos debemos
manipularlas; si el producto es fresco, bastaría con cocer al dente cada hortaliza por separado
y saltearlas al final con unas tiras de jamón serrano o ibérico. Para acabar, nos gusta ligar las
verduras con un caldo suave de ave o con el agua de cocción de alguna verdura
un poco espesado. Aunque no creemos que sea mejorable, sí tiene alternativas
y os vamos a proponer la nuestra.*

INGREDIENTES

3 o 4 pencas de cardo

8 alcachofas (nosotras las buscamos pequeñas y con el rabito grueso)

4 o 5 puerros

1 manojo de espárragos

250 g de guisantes sin desgranar o 100 g pelados (aprox.)

1 hinojo pequeño

80 g de jamón curado en tiras o daditos

sal

aceite de oliva

ELABORACIÓN

Preparamos primero las verduras: limpiamos el cardo, lo troceamos y reservamos en agua fría. Limpiamos también los puerros y las alcachofas, dejando a estas solo el corazón (en invierno esta verdura es muy tierna y no es necesario retirar la pelusilla interior). Los primeros los partimos en rodajas. De los espárragos solo usamos la parte más tierna. Troceamos el hinojo, retirando la primera capa, y por último desgranamos los guisantes, si no lo están.

Ponemos agua con sal a cocer en un cazo (solemos probarla y se trata de que se sienta la sal). Cuando comience a hervir, añadimos los cardos. A los 5 o 6 minutos, apagamos el fuego y retiramos, sin escurrir.

Usamos una cazuela de tamaño idóneo, grande para saltear y pequeña para rehogar (este punto lo recalcamos siempre: la importancia del tamaño del recipiente donde se va a cocinar). En el caso de la menestra deben caber todos, sin estar amontonados.

Cubrimos los puerros con agua, añadimos una pizca de sal y una cucharada de aceite. Los ponemos al fuego, tapamos y dejamos cocer unos minutos. Luego, vamos agregando las alcachofas y el hinojo, y cuando apenas queda agua, los guisantes, las puntas de espárragos y los cardos escurridos. El objetivo es que se haya evaporado el agua cuando las verduras estén al dente.

Al final añadimos el jamón que, con el aceite, terminará salteándose. Es un proceso que se debe vigilar de cerca, pues si queda poca agua y la verdura esta aún cruda, hay que bajar el fuego. Y si pasa lo contrario, hay que subirlo al máximo. También podemos retirar agua si es excesiva.

Otras formas de presentarla

Podéis ligar la menestra con un caldo de ave. Lo hervimos y le añadimos poco a poco maicena, diluida en agua fría, hasta conseguir un espesor ligero. También podéis decorarla con huevo duro o poché, pero a nosotras nos gusta tomarla con un puré de patata cremoso, aliñado con aceite y sal.

Arroz al horno

*En el recetario de nuestra abuela materna, cuando se refiere al arroz menciona
hasta el día en el que lo cocinaban: los miércoles. El motivo es que en aquellos tiempos
las cazuelas de arroz se preparaban en el horno del barrio y, seguramente,
cada vecino tendría elegido su día y su hora.
En casa, cuando éramos pequeños, también llevaban el arroz al horno,
y cuando esa cazuela humeante volvía de la calle, tapada con un paño,
nos sentábamos a la mesa salivando por el manjar que nos esperaba. Por eso creemos
que no hay mejor receta que la de nuestra madre, y esta es la que os vamos a contar.
Es única, mejorable, refutable, criticable…, pero para nosotras,
el arroz al horno es exactamente así.*

INGREDIENTES

600 g de arroz

1300 ml de caldo

6 longanizas mini

6 morcillas mini

6 trozos de costilla de cerdo

100 g de garbanzos

1 cabeza de ajos y 2 dientes

aceite de oliva

3 tomates (medianos o pequeños, tipo raff)

6 rodajas de patata

1 cucharadita de pimentón dulce

sal

ELABORACIÓN

Sazonamos las costillas y las doramos con los dos dientes de ajo sin pelar en seis cucharadas de aceite en una olla de fondo grueso (acordaos de que el tamaño debe ser proporcional a los ingredientes que vamos a usar). Dejamos que se hagan lentamente, por lo que conviene comenzar esta elaboración con tiempo; mientras podéis hacer otras cosas. También le añadimos, a veces, una cucharada de tomate rallado; aunque es opcional, le da muy buen sabor. Y si el cerdo os huele fuerte, tenemos un secreto: espolvoreamos una pizca de comino; las costillas no sabrán en absoluto a comino, pero desaparecerá ese olorcillo a pocilga.

Una vez dorada la carne, le añadimos un par de tazas de caldo para que se ablande. Dejamos cocer, y cuando se reduzca el líquido ya estarán tiernas. Escurrimos las costillas y comprobamos si el aceite sigue limpio y transparente. Si es así, será el que utilicemos para el siguiente paso; si está sucio, es mejor retirarlo.

En una sartén, sofreímos las rodajas de patata (calculamos una por persona, de un grosor de 1 cm aproximadamente) y la cabeza de ajos en el aceite de las costillas. Les damos un par de vueltas y retiramos las patatas y los ajos.

En la misma sartén calentamos siete cucharadas de aceite (si hay suficiente con el que hemos usado para las patatas, aprovechadlo, si no, añadid el necesario) a fuego lento. Agregamos el arroz, los garbanzos y el pimentón, y rehogamos removiendo unos instantes. Luego, lo pasamos todo a una fuente de barro refractaria, extendemos los ingredientes y repartimos por la superficie los tomates cortados por la mitad, las morcillas y las longanizas (dependiendo de su tamaño, 3 o 6), la cabeza de ajos, las patatas y las costillas.

Llevamos el resto del caldo a ebullición (debe estar «sentido» de sal —un poco salado—, pues si no el arroz quedará soso), contamos 13 cucharones (el doble y uno más) y los vertemos sobre el arroz. Introducimos la fuente en el horno precalentado a 250° y... la suerte está echada.

Unos 40 minutos aproximadamente de espera y el arroz estará listo; a los 10 minutos, cuando el caldo esté hirviendo, bajamos la temperatura a 200°. Y cuando queden 10 minutos probamos el grano; si todavía está duro y ya no queda caldo, tapamos la cazuela con papel de plata para crear vapor y que termine de cocerse, sin resecar la superficie, o bajamos la temperatura al mínimo. Y a la inversa, si el grano está cocido y aún le queda caldo, subimos la temperatura para acelerar la evaporación

Suerte y a disfrutar.

Buena idea

El caldo puede ser de cocido, ave, verduras o simplemente agua; en los arroces, el aprovechamiento es básico. Cada quien sabe lo que más le conviene. Hay un par de aclaraciones mínimas sobre la elección del arroz: no valen vaporizados ni arroces de grano largo, tiene que ser grano redondo. Y dentro de las diferentes variedades, el bomba da un par de minutos de margen de error; es decir, que si nos pasamos de cocción unos minutos, el grano seguirá firme. Es difícil explicar ese nervio que debe mantener el arroz, aun estando cocido. En Valencia, cuando sobrepasas ese punto, decimos que se ha «empastrado». Es una expresión que define perfectamente el engrudo con el que te vas a encontrar. Por desgracia nos ocurre en ocasiones, y desde luego no tiene arreglo, por eso el arroz bomba, con todos sus detractores, presenta grandes ventajas.

Albóndigas de choco

Lo primero, aclarar que el choco y la sepia es el mismo cefalópodo y se denomina de una forma u otra según la zona de España. En Andalucía lo llaman choco, y esta receta que os proponemos la copiamos de un restaurante cordobés. No pudimos preguntar su elaboración, pero con un análisis exhaustivo llegamos a conseguir unas albóndigas deliciosas y parecidas. La receta no es complicada, aunque se requiere un poco de experiencia en los fogones.

INGREDIENTES

5 sepias medianas

1 ramillete de perejil picado

1 diente de ajo

pan rallado

2 yemas de huevo

un poco de ralladura de limón

sal

pimienta

harina

PARA LA SALSA

cebolla dulce, 2 o 3 unidades, según tamaño

la pulpa de 1 tomate

vino blanco

una pizca de pimentón dulce

3/4 de litro de fondo de pescado (también puede ser de ave)

aceite de oliva

ELABORACIÓN

Limpiamos las sepias y las picamos finas. Lo hacemos con cuchillo o con picadora, sin llenar demasiado el vaso para que con tres golpes sea suficiente y no se forme una pasta. Añadimos el perejil, la ralladura de limón, el ajo picado, sal, pimienta (en este punto es nuestro gusto el que indica las cantidades) y las yemas, y amasamos.

Poco a poco, incorporamos pan rallado, lo justo para formar las bolas; si tiene mucho quedarán mazacotes y, al contrario, no podremos moldearlas. Si nos humedecemos las manos con agua, resultará mucho más fácil.

Para la salsa: sofreímos la cebolla cortada en trozos pequeños con aceite en una olla del tamaño adecuado. Cuando esté dorada, añadimos la pulpa del tomate y unos minutos después, el vino. Aquí os diré que nos gusta añadirle diferentes alcoholes: un chorrito de coñac, Martini, vino de Jerez..., vamos uno por uno y los dejamos reducir. Cuando se evapora el alcohol, agregamos el pimentón, removemos y vertemos el fondo de pescado o de ave. Dejamos hervir al menos 15 minutos y trituramos, aunque esto último es optativo.

Enharinamos las albóndigas y las freímos en aceite. No hay que dorarlas en exceso, apenas lo suficiente para sellarlas. Una vez fritas, las agregamos a la salsa, dejamos cocer unos 10 minutos y listo. La salsa irá espesando poco a poco con la harina de las albóndigas. A nosotras nos gusta acompañarlas con unas patatas fritas.

Una buena idea

Queremos aclarar que los cefalópodos congelan bien, por ello si en el mercado tenéis ocasión de comprar, hacedlo sin miedo. Pedid que os los limpien y los congeláis en bolsas de 3/4 de kg. De esta manera los tendréis listos para el día que os sintáis con ganas de cocinarlos.

Merluza Fuenterrabía

Si nos preguntaran por qué receta apostaríamos para salir airosas de cualquier compromiso, no lo dudaríamos: merluza Fuenterrabía. Durante muchos años, los jueves comíamos en casa de nuestros abuelos y el menú invariablemente era merluza. Siempre terminábamos diciendo que estaba mejor, incluso, que la semana anterior; aún hoy, cuando cocinamos este plato, le ponemos un cariño especial y nos trae muchos y buenos recuerdos. Hoy os queremos contar esta sencillísima receta elaborada exactamente al estilo de nuestra abuela.

INGREDIENTES

4 lomos de merluza de 150 g cada uno

mayonesa (mira la receta de la ensaladilla rusa y hazla igual)

sal

pimienta

PARA LA SALSA DE TOMATE

1 ½ kg de tomate natural o 1 lata de tomate triturado de 250 g o 1 lata de tomate frito de 125 g

12 pimientos del piquillo

sal

azúcar

aceite de oliva

ELABORACIÓN

Si la salsa de tomate es casera, nosotras elegimos tomates maduros, los partimos por la mitad y los escurrimos. Es muy sencillo, solo tenéis que apretarlos y así obtienes la pulpa más fácilmente. Luego, la ponemos en una cazuela con tres cucharadas de aceite y la cocemos despacio; es un proceso lento en el que sazonamos al final de la cocción (este se reconoce porque el aceite sube a la superficie).

Según el grado de acidez del tomate añadimos más o menos azúcar. Por último, agregamos la sal y seis pimientos del piquillo. Trituramos y ya tenemos la salsa; a veces queda un poco picante, dependiendo de los pimientos, pero es parte de su gracia.

Luego preparamos una mayonesa. Le añadimos el resto de pimientos del piquillo y trituramos de nuevo (al incorporarlos es mejor trocearlos. También podéis saltearlos antes con ajetes).

Una vez tenemos listas las dos salsas, salpimentamos los lomos de merluza y los ponemos con la piel hacia abajo en una sartén con un hilo de aceite. Los sofreímos 3 o 4 minutos y, sin darles la vuelta, apagamos el fuego y tapamos 3 minutos más. Pasamos los lomos a la placa del horno, los cubrimos con la mayonesa de piquillos y gratinamos hasta que se dore la superficie. En unos 5 minutos estarán listos.

Disponemos la salsa de tomate en los platos o en una fuente, colocamos encima los lomos de merluza y a comer.

Así estará deliciosa

A nosotras nos gusta sustituir el azúcar para freír el tomate por mermelada, también de tomate; así se endulza y además le damos más intensidad de color.

Llandeta de mero

No podemos hablar de este plato sin recordar los veranos familiares en Moraira.
Todos correteando desde la mañana a la noche, con ese mar enfrente, plácido y rebelde;
a veces turquesa y otras denso y negro como una amenaza; siempre con las aletas y las gafas,
dispuestos a pasar el día en el agua hasta que el hambre te devolvía a casa.
En la playa del Portet, en los meses de julio y agosto, sonaba una campana a las dos
y media y la playa se vaciaba. ¡Todos a comer! Era la de los Duato.
En nuestra memoria, por encima de todo lo que se cocinaba con alegría y en abundancia, la
llandeta de mero era mucho más que un plato, era una aventura. Nuestro padre, nuestros
primos mayores y alguno de nuestros tíos salían a pescar temprano (nunca era antes de
las 10 de la mañana) y prometían regresar en dos horas al menos con un mero.
En casa estaba dispuesta una gran paella con el fondo repleto de patatas y cebolla, esperando
la pesca. Nuestra abuela, muy previsora, tenía en la reserva migas con panceta y uvas moscatel
para un ejército. Cuando llegaban los héroes emocionados con sus capturas, aquello era una
revolución, y aunque la campana sonara a las 2:30 h, hasta las 4 o las 5 de la tarde no se comía;
solo los niños. Nos ponían un plato de migas con uvas y nos decían que el postre estaba incluido.

INGREDIENTES

1 mero de 2 kg o 2 de 1 kg cada uno
3 patatas medianas
2 cebollas
1 guindilla
4 o 5 dientes de ajo
aceite de oliva
3 granos de pimienta negra
1 hoja de laurel
1 cucharada de pimentón dulce
perejil
unos mejillones
unas gambas (no ponemos número porque depende de cada bolsillo)
sal

Hazlo así también

La podéis preparar con cualquier otro pescado, preferible de roca o gelatinoso, como el rodaballo.

ELABORACIÓN

Le pedimos al pescadero que limpie el pescado y lo trocee, pero que nos dé la cabeza y las espinas para hacer un caldo. Las cocemos con agua salada, un chorrito de aceite y las verduras que tengamos en la nevera: zanahoria, cebolla, puerro… unos 30 minutos y ¡listo el caldo!

Salteamos las gambas con aceite y retiramos. En la paella, sofreímos la cebolla en juliana, la patata laminada, los ajos enteros sin pelar, la guindilla, el laurel y la pimienta con ocho cucharadas de aceite, unos 5 minutos. Vamos incorporando el pescado y sofriéndolo. Cuando está sofrito, pero no terminado de hacer, retiramos el mero. Espolvoreamos el sofrito con el pimentón y añadimos el caldo de pescado colado. Lo dejamos cocer unos 15 minutos más o menos, hasta que la patata esté casi lista. Ajustamos de sal, incorporamos de nuevo el pescado y los mejillones limpios y cocemos 3 minutos; tapad la paella si quedara poco caldo o si las porciones de pescado fueran muy gruesas. Añadimos las gambas, dejamos cocer todo junto 1 minuto, espolvoreamos con perejil y…. a comer con un buen moscatel, que para eso estamos en el Mediterráneo.

No podemos acabar esta receta homenaje a nuestros abuelos sin recordar cómo al atardecer, nuestra abuela bajaba a la playa con su inseparable Dionisia y los pescadores le llenaban las fuentes de salmonetes y sardinas. No tenían cómo pesarlos, así que con simpatía le decían: «para usted doña María, tanto». Y todavía nuestra abuela les regateaba un poquillo, saldando el intercambio con un cariñoso ¡hasta mañana!

Roastbeef

Esta receta es un clásico en nuestra familia. Debemos agradecerle a nuestra madre que su interés por la cocina superara todas las limitaciones lingüísticas y aprendiera de los ingleses la forma más ortodoxa de cocinar esta carne. Podéis emplear entrecot de ternera o bien solomillo y, en ambos casos el resultado es maravilloso, pues el entrecot, aunque es menos tierno, se puede cortar más fino y resulta muy jugoso. Aquí tenéis nuestra receta.

INGREDIENTES

700 g de solomillo de ternera o de lomo alto de ternera

1 copita de vino de Jerez amontillado (tipo palo cortado)

pimienta negra machacada (es un poco más gruesa que la molida)

1/2 bola de nuez moscada

1 kg de huesos de tuétano y costillas de ternera

PARA LAS CHALOTAS

400 g de chalotas

50 ml de aceite de oliva

50 g de mantequilla

1 copita de brandy

3 cucharadas de azúcar

PARA LAS PATATAS

16 patatas mini

1 cucharada de sal gruesa

250 ml de nata para cocinar

mantequilla

PARA EL PUDIN YORKSHIRE

3 huevos

200 g de harina

200 ml de leche

1 pizca de sal

pimienta

ELABORACIÓN

En primer lugar, bridamos la carne con hilo de cocina y la ponemos en una fuente, mejor de barro (sed coherentes con el tamaño del recipiente). Le añadimos el jerez, la nuez moscada rallada y varios pellizcos de pimienta machacada. La dejamos macerar al menos 1 hora; si podéis más tiempo, mejor. Toda la noche es perfecto.

Mientras tanto, en una fuente de horno, colocamos los huesos de ternera (tuétano y costilla) y la introducimos en el horno a 180°, más o menos, y cuando estén dorados (unos 10-15 minutos) y hayan soltado su grasa, los sacamos. Reservad la fuente, que usaremos más adelante para hacer la salsa, y aparte la grasa, porque será la que usemos para sofreír la carne y para untar los moldes de los púdines.

En una sartén caliente ponemos la mayor parte de la grasa y añadimos la carne sin el jugo de la maceración. La doramos dándole vueltas (esta operación dura aproximadamente 5 minutos) y cuando esté lista, la volvemos a poner en la fuente de barro. Vertemos el jugo de maceración en la sartén y lo cocemos junto con la grasa que haya quedado durante un par de minutos. Luego, untamos la carne con esta mezcla.

En este punto la carne ya está lista para hornear. Puedes hacerlo a la vez que los púdines. Nosotras engrasamos los moldes (los de silicona para magdalenas son estupendos) con la grasa de los huesos y los metemos vacíos en el horno caliente 1 minuto (así los púdines suben mejor). Batimos los huevos con la leche, la harina, sal y pimienta; lo más cómodo sin duda es hacerlo con la batidora. Repartimos esta preparación en los moldes y los introducimos en el horno a 180° a la vez que la carne.

Verás cómo los púdines suben rápidamente, pero debes dejar que se doren bien, al menos 15 minutos. Si los sacas antes, bajarán enseguida. Dejamos la carne unos 25 minutos. Es tiempo suficiente para que quede dorada por fuera y rosada por dentro.

Por otro lado, en una cazuelita de fondo grueso calentamos el aceite y la mantequilla. Añadimos las chalotas limpias y las doramos a fuego lento; así no se queman. Luego, les incorporamos el brandy. Dejamos cocer unos minutos hasta que estén tiernas y les agregamos el azúcar;

en este momento hay que vigilarlas de cerca, pues con el azúcar se pueden quemar rápidamente.

Para las patatas: las cocemos con agua y sal gruesa hasta que estén blanditas. Lo ideal es calcular la cantidad más exacta de agua para que cuando esta se evapore las patatas estén cocidas y queden blancas por la sal. Si queréis pelarlas, dejadlas templar para que sea más fácil. Nosotras luego las salteamos con mantequilla y les añadimos un chorretón de nata. Dejamos que cuezan hasta que espese y quedan como patatas a la crema.

Ya tenemos la carne, las chalotas, las patatitas y el pudin, y solo nos falta la salsa. Este es un momento delicado. Escurrimos la ternera del fondo de carne (que ya tendrá bastante sabor) y lo añadimos a la fuente donde hemos horneado los huesos, para desglasarla. La rascamos un poco con una cuchara de madera, removemos todo y lo colamos. Ahora toca espesarlo, un proceso que podéis hacer de varias formas.

Nosotras a veces hacemos un roux: tostamos harina con un poco de mantequilla en una sartén y luego, poco a poco, vamos añadiendo el fondo de ternera, sin dejar de remover, hasta conseguir el espesor adecuado (siempre es mejor dejarlo más líquido y en el momento de servir reducirlo en un cazo o sartén hasta conseguir el punto exacto).

También lo hacemos cociéndolo con un poco de maicena hasta que espese. Desde luego, esta es la solución más fácil. Igual que en el caso anterior, la dejamos un punto más líquida y reducimos en el momento de servir.

Y por último, nuestra fórmula ideal para espesar la salsa: añadirle al fondo de carne un producto inglés que se llama BISTO. Se trabaja igual que la maicena y aporta espesor, brillo y refuerza el sabor (se encuentra sin problemas en tiendas de alimentación de productos británicos).

Presentamos el plato con la carne cortada al gusto y regada con la salsa. A nosotras, si es solomillo, nos gusta más gruesa que cuando es entrecot. La servimos con las chalotas, las patatas y el pudin, y procuramos que todo esté templado.

En ocasiones también lo acompañamos con una salsa de menta, de rábano o con mostaza inglesa.

¡Ufff, parecía que no terminábamos nunca!

Más ideas

Para bridar la carne hay una manera específica de hacerlo, pero si no es con imágenes resulta muy difícil de explicar. Pero en YouTube hay un montón de vídeos que valen por todas las palabras. Os podríamos dar la alternativa de esas mallas que utilizan los carniceros, pero no son de nuestro agrado, así que en este punto tendréis que valorar lo que más os conviene.

Lomo a la naranja

Cuando nuestro padre probó esta receta después de muchísimos años, nos llamó por teléfono rápidamente diciéndonos que hacía mucho tiempo que no tomaba algo tan rico. Nos hizo mucha gracia, pues sin saberlo, estaba recordando una antigua receta de su madre, olvidada en un viejo cajón en un antiguo libro que una prima nuestra, que cocina como los ángeles, se encargó de recuperar. Le recordamos que era uno de los platos de su madre. Él se rio con nostalgia, nos imaginamos que le recordaría aquellos años en los que, siendo muy joven y comilón, se sentaban catorce a la mesa.

Esta receta es sencilla como freír un huevo, pero requiere de cierto arte y ¿qué es el arte? Un cocinero que tenemos el gusto de recordar, Rafa Morales, nos dijo un día en un congreso gastronómico que de sus colaboradores era un artista, y acto seguido nos preguntó: «¿Qué es para vosotros un artista?». Todos nos quedamos callados, y él muy tranquilo respondió: «Para mí, un artista es el que hace lo mismo pero mejor que los demás».

Nos pareció una definición maravillosa del arte en el más estricto sentido del duende.

INGREDIENTES

500 g de cinta de lomo en un trozo (como mínimo)

unos ajos (la receta original los incluye, a nosotras nos parece que son innecesarios)

300 ml de leche, aprox.

250 ml de zumo de naranja

50 ml de aceite (viene a ser 1 cucharada y media)

50 g de mantequilla

2 cucharadas de azúcar

sal

pimienta

salsa de soja

ELABORACIÓN

Salpimentamos el lomo y poco a poco lo doramos con el aceite a fuego lento (siempre os recordamos guardar una proporción entre el alimento que vamos a cocinar y el diámetro de la olla). Añadimos la leche y cuando comience a hervir, agregamos 200 ml de zumo y dejamos que cueza (el tiempo de cocción para 500 g es de 30 minutos, más o menos). Según esta referencia, introducimos un palillo y comprobamos que el líquido interior ya no sale rosáceo. Apartamos entonces el lomo y dejamos que la salsa cueza hasta que espese un poco, pero no en exceso; las salsas al enfriar espesan aún más.

Retiramos la salsa y en el mismo recipiente añadimos la mantequilla, el azúcar, el resto del zumo y un chorrito de salsa de soja. Cocemos hasta que empiece a caramelizar y volvemos a poner el lomo. Lo vamos lacando por todos lados y cuando esté uniforme lo cambiamos de recipiente y lo regamos con el caramelo que quede. Dejamos reposar y cuando la carne esté templada la cortamos en lonchas finas. La servimos acompañada de la salsa caliente y con un puré de patata regado con la salsa de caramelo.

Parecía que no lo conseguíamos ¡Yuhhhhuuuuuuu!

Más sabor

Si la cinta de lomo es de cerdo ibérico, sobra decir que estará mucho más rico, porque es más sabrosa.

Pollo de la madre de Ihsan

El pollo de la madre de Ihsan, unos amigos de la familia, es como hemos llamado siempre a esta receta simple y deliciosa, que tiene un ingrediente fundamental: los limones en salmuera. O bien los hacéis con tiempo, pues deben macerar al menos un mes, o los compráis en una tienda marroquí, que hoy en día están en todas las ciudades españolas. Podríais prescindir de ellos y el pollo seguiría estando delicioso, pero cambiaría esencialmente la receta. El pollo con aceitunas y limones es un plato típico marroquí. La familia de Ishan: Bouchra, Omar, Rajae y Lobuna El Yamlahi Aouad vienen de Larache, ciudad portuaria al noroeste de Marruecos que fue protectorado español desde 1911 hasta 1956.

Cuando hace diez años tuvimos la ocasión de conocer Larache, nos sorprendió su belleza y la hospitalidad de su gente. Estuvimos el día de Año Nuevo comiendo en la Casa de España y fue algo tan imprevisto como memorable. No solo por el trato que recibimos y por los manjares que nos ofrecieron, sino también por el buen recuerdo que tenían de los españoles. Hablaban nuestro idioma, aunque solo sus sonrisas nos hubieran servido para sentir su acogida. La receta que os ofrecemos es un recuerdo para esta familia y para la ciudad de Larache, que ese día nos hicieron sentir orgullosas de nuestro país.

INGREDIENTES

1 kg de pollo troceado o 6 muslos y contramuslos (nosotras preferimos esta versión)

3 cebollas cortada en daditos

1 cucharada de perejil y 1 de cilantro, ambos picados

1 cucharadita de jengibre en polvo

1 cucharadita de pimienta negra molida

1/2 cucharadita de colorante

1/2 cucharada de ras el hanut (mezcla de especias que se vende en tiendas marroquíes)

1 cucharada de smen (mantequilla clarificada elaborada con leche de cordero). Se puede sustituir por ghee (mantequilla clarificada de leche de vaca) o por mantequilla

1 limón en salmuera troceado

2 cucharadas de aceite de oliva

10 aceitunas verdes o moradas

sal

ELABORACIÓN

Limpiamos el pollo, lo sazonamos y lo dejamos macerar con todos los ingredientes (excepto las aceitunas y el aceite) durante 1/2 hora. Después lo sofreímos unos 5 minutos en el aceite, sin dejar de dar la vuelta a las piezas. Añadimos un vaso de agua, dejamos que reduzca y agregamos dos vasos de agua más. Tapamos y dejamos cocer a fuego lento hasta que esté tierno. Agregamos entonces las aceitunas y lo retiramos del fuego. Si sois capaces de dejarlo reposar, preparad una guarnición, pero si no, ¡al ataque!

Podéis acompañarlo con...

... un cuscús. Los hay precocinados que están listos en 5 minutos. Luego, lo salteamos con un pellizco de mantequilla, pasas y piñones. Espero que lo saboreéis con el mismo placer que nosotras.

solomillo strogonoff

A nosotras nos enamoró este plato por su nombre. La primera vez que nos lo sugirieron en un restaurante no dudamos en pedirlo. Han pasado muchos años desde entonces y siempre lo hemos tenido entre nuestros favoritos. Muchas veces lo cocinamos juntas, y aunque Ana considera que soy una experta, yo creo que a ella le queda más rico.
Cuenta la leyenda que el creador de esta receta era un chef francés, el cocinero personal del conde ruso Pavel Strogonoff. Como podéis imaginar, sus versiones son innumerables a lo largo del mundo, pero creo muy sinceramente que nuestra interpretación puede competir con la de cualquiera.

INGREDIENTES

400 g de solomillo de ternera (puedes utilizar cualquier otra parte o corte: entrecot, falda, cadera, aguja…)

1 cucharada de aceite de oliva

2 cebollas

12 champiñones muy cerraditos, tamaño mediano o pequeño

200 g de nata agria (también llamada *crème fraîche*; es una crema de nata fermentada)

1 cucharada de mostaza Dijon

1 cucharadita de pimentón

1 cucharadita de pepinillos en vinagre picados

sal

ELABORACIÓN

Sofreímos la cebolla cortada en daditos en el aceite. Cuando esté dorada, añadimos 100 ml de vodka (perdón, se nos ha olvidado nombrarlo en los ingredientes, pero vais a necesitar 200 ml en total ¡Vaya despiste! ¡No hay Strogonoff sin vodka!). Lo dejamos reducir y cuando se vuelve a quedar sin líquido, le agregamos el resto. Cocemos un par de minutos hasta que se evapore el alcohol y añadimos la mostaza, el pimentón y la nata agria. Removemos unos instantes y retiramos.

Cortamos la ternera en tiras, procurando que todas tengan un tamaño lo más parecido posible (medio centímetro de ancho y tres de largo aproximadamente; nosotras las comparamos con nuestro dedo meñique) y la sazonamos. En una sartén muy caliente, procurando que la carne quede muy holgada para que no suelte sus jugos, la salteamos por fuera rápidamente, la retiramos y la añadimos a la cebolla. En la misma sartén salteamos unos minutos los champiñones laminados, los retiramos y los mezclamos con la carne y la cebolla. Para finalizar, agregamos los pepinillos a la misma sartén y les damos un par de vueltas en el fuego. Incorporamos el resto de ingredientes, lo calentamos todo junto, rectificamos de sal y… a zampar.

Ricas ideas para servirlo…

Espolvoreadlo con perejil recién picado y acompañadlo con un arrocito blanco. ¡Delicioso!

Tiramisú de limón

Sabemos que este libro representa la suma o el resultado de la cocina familiar, pero nos vamos a saltar las normas que nos pusimos y, como en este capítulo priman las recetas de Ana y Zulema, os vamos a hablar de nuestro particular tiramisú de limón. Esta receta es personal y, aunque obviamente se inspira en el clásico, nuestro verdadero estímulo es un poeta callejero que nos acompaña siempre, el legendario, único e irreverente Joaquín Sabina. Cuando escuchamos la canción por primera vez (seguro que fuimos de las primeras miles en hacerlo), nuestra mente se volvió calculadora como un ordenador. Decidimos la receta en 5 minutos y os la transmitimos con la misma urgencia y emoción. Si la acompañáis con la canción, la experiencia puede ser surrealista.

INGREDIENTES

1/2 vaso de zumo de lima y limón (unos 125 ml)

la ralladura de 1 lima y de 1 limón

250 g de queso mascarpone

2 yemas de huevo

3 claras de huevo

1 tubo de leche condensada (125 g)

8 piezas de savoiardi (bizcochos tipo lenguas de gato, pero duros)

licor de limoncello

azúcar

ELABORACIÓN

Comenzamos elaborando un almíbar. Para ello ponemos en un cazo tres partes de agua y una de azúcar y cocemos hasta que se reduzca a la mitad. Retiramos, y cuando se enfríe, lo mezclamos con 1 vasito de licor.

Disponemos en un cuenco la leche condensada con el zumo de lima-limón y en otro el mascarpone con las yemas. Batimos ambas preparaciones por separado y luego las mezclamos. Montamos las tres claras a punto de nieve y las agregamos suavemente a la crema anterior.

Por último, procedemos al montaje que haremos individualmente. A nosotras nos gustan los cuencos de cristal, pero cualquiera puede servir, desde una copa de helado a un bol de desayuno. Humedecemos los bizcochos en licor, los troceamos y los repartimos en el fondo de los recipientes elegidos. Distribuimos la crema y la servimos espolvoreada con la ralladura de lima y de limón.

El placer está servido.

Con más bizcocho

Antes de espolvorear con la ralladura, a veces rompemos unos bizcochos hasta dejarlos casi como migas y los espolvoreamos sobre el tiramisú.

Las paellas de los domingos
Relatos de Ana

Hacer una paella no es tan difícil como pensáis. Solo hay que tener buenos ingredientes y tiempo. Cada maestrillo tiene su librillo, pero yo me sigo fiando de la de mi madre. He visto cómo la hacía lo mismo para seis, para doce o para quien se apuntase, a fuego de gas o de leña... y su secreto siempre es el sofrito. Y así vamos a empezar.

Para un buen sofrito necesitamos un pollo de corral troceado en piezas ni muy grandes ni muy pequeñas (no como en Madrid que hacen los trocitos muy pequeños), el muslo y la pechuga, mejor en 2 trozos. Y es que también es importante la estética del acabado; no es un pollo al ajillo, es una paella.

Un buen conejo de campo, mejor troceado, y guardamos el hígado del pollo y del conejo.

Sazonamos la paellera, el recipiente, sí, porque dicen que así no se pega, y luego añadimos un buen chorro de aceite de oliva. Sazonamos también las piezas y luego las marcamos. Mientras está al fuego hay que darle vueltas, y a la vez preparar más ingredientes, así que si no puedes tú, díselo al marido o a una amiga… Limpiamos ½ kg de judías verdes y las partimos en 3 trozos. Si es época de la alcachofa, mejor, también las añadimos porque le da un color y un sabor especial. Con 1 kg basta, y solo hay que dejar el corazón. Las dejas en remojo con agua y zumo de limón, a no ser que quieras que el arroz salga negro, que entonces no las dejamos en remojo.

También necesitamos ½ kg de garrofón; está bien esa cantidad. Son esos judiones secos, pero frescos. Aunque no son imprescindibles, le dan una textura muy buena al caldo.

Rallamos unos buenos tomates y, como ya habrá pasado una media hora, el sofrito ya estará bastante avanzado o casi hecho.

Añadimos entonces el tomate y cuando coge color, le agrego las judías y el garrofón. Y las alcachofas, esto es a mi gusto, claro, las guardo para el final. Las corto en láminas finas y las agrego cuando el caldo ya ha cocido unos 10 minutos, porque no me gusta que pierdan la consistencia.

Ahora espolvoreamos con pimentón, pero mejor que no sea ahumado, y añadimos 6 hebras de azafrán (si no se tiene, colorante y ya está). Removemos para que no se queme el pimentón, porque si no amarga, y añadimos agua. Se suele agregar hasta la medida de los clavos de la paellera y se mantiene unos ¾ de hora. Que sepáis que a la paella

INGREDIENTES

- 1 pollo de corral
- 1 conejo
- sal
- aceite de oliva
- 600 g de arroz
- 1/2 kg de judías verdes
- 1 kg de alcachofas
- zumo de limón
- 1/2 kg de garrofón
- 1 o 2 tomates
- 1 cucharadita de pimentón
- 6 hebras de azafrán
- 2 ramitas de romero

valenciana no se le añade caldo, que este se hace en el recipiente con el sofrito.

Sazono y en 1 h o 3/4 de h mínimo estará listo el caldo. Pero mientras tanto no os olvidéis de que hay que ir probándolo, rectificando de sal…

Y como ahora tenemos tiempo, aprovecho para contaros «mis paellas». Tenemos toda 1 hora por delante…

Tengo algunas inolvidables, porque en una casa valenciana lo normal es que el sábado o el domingo haya paella para reunir a toda la familia.

La primera que se me viene a la cabeza es una que hice con mi hermana en un risco del Maestrazgo, en el pueblo de Villarroya de los Pinares. Ella va mucho a coger setas por allí. La hicimos casi como los hombres prehistóricos, que alrededor de un fuego creaban lazos familiares con la comida. Era un día muy ventoso, así que decidimos montarla en una cueva. Encendimos fuego con palitos y con piedras hicimos un soporte para la paellera. Nos peleábamos con el viento, el espacio… pero fue una de las más ricas que recuerdo. Con leña es algo único, y con el viento de la sierra, mejor.

Creo que muchos de los platos tradicionales se empezaron a hacer con las cosas más básicas y por eso saben de una forma especial.

También me acuerdo de una que hice para Imanol y Pastora. Estábamos en una casa que tenemos en el campo, ya hace muchos años; ni siquiera había nacido mi hija María. Y allí siempre las hago con leña.

La fama entre mis amigos de Madrid es que hago una de las mejores paellas del mundo. He tenido cientos de amigos arrodillados ante mí, ¡por favor hazme una paella! Pero como dice mi madre, cuando mejor quieres quedar, puede que pase algo. Y eso fue lo que ocurrió. Es básico el leñero, la persona que se ocupa del fuego. Y en este caso fue Miguel Ángel, mi marido. Es importantísimo porque si no tiene fuerza, se apaga. Y eso pasó, que no hubo suficiente fuego. Quedó buena de sabor, pero no se evaporó el agua y quedó caldosa. Para un valenciano eso es una aberración.

Ellos, que fueron muy amables, dijeron que estaba exquisita, pero nos entretuvimos con los aperitivos y no estuvimos pendientes del fuego.

Así que ese día aprendí que nunca hay que dar un buen aperitivo antes de una paella, jajajaja. A los invitados se les quita el hambre y además te arriesgas a que salga mal. Es decir, los que vienen a casa no toman aperitivo.

También he hecho paellas multitudinarias. Una de ellas fue en el plató de *Cuéntame*, para 120 personas. Montamos una especie de concurso con Pepe Sancho. Nosotros, dos valencianos de pro, nos pusimos manos a la obra y ¡con leña! Manolo Cal era el pinche de Pepe y yo tuve a varios… Muy discretos, no dijimos de quién era cada una y se las dimos a probar al equipo, que votó cuál le gustaba más. Y gané yo. Pepe Sancho me lo recordó durante mucho tiempo a su pesar y no lo llevó bien; yo creo que no me lo perdonó, jajaja.

Otra que recuerdo fue en el colegio de mi hija María, que lo tuve que hacer todo yo solita… Pero son momentos tan entrañables…

Ya se ha pasado el tiempo, tengo que atender de nuevo a la paella.

Lo más difícil es hacer una paella en la que no mides ni el arroz ni el caldo. Por experiencia, he calculado que una paella de 70 cm de diámetro es para 6 personas. Así que hay que calcular 600 g de arroz o ½ kg más o menos.

Como el caldo ya estará por debajo del nivel de los clavos de la paellera, llega el momento de añadir el arroz. Lo reparto con un tenedor para que se extienda bien y tengo un truco para saber si hay suficiente. Dibujo una cruz con el tenedor de la punta de los clavos a la otra punta; si queda un dedo por encima, la cantidad es perfecta. Rectifico de sal y añado las alcachofas muy finas. ¡Ahh, y un poco de romero! Ya solo falta que cueza hasta que el arroz esté al dente (unos 16 minutos) y no quede caldo.

Mis paellas tienen fama por el socarrat, que es muy fácil de conseguir si las hacemos con leña. Cuando añado el arroz y queda un poco de caldo, retiro toda la leña y pongo la paella sobre las brasas y cuando suena crichi, crichi es que se está friendo el arroz. La música final del socarrat no es chop, chop.

A veces es posible, aunque no siempre sale… Cada paella acaba de una manera y depende mucho de los ingredientes. Pero seguro que no hay dos iguales.

LAS RECETAS QUE SE LLEVARON NUESTROS HIJOS

A todos nuestros jóvenes que andan desperdigados por ahí, queremos regalaros estas recetas y un abrazo o viceversa.

Nunca es tarde para contaros las verdades importantes

¡Cuántas lagunas! Os cocinamos hasta el último día y no os explicamos nada hasta que os emancipasteis. Pero nunca es demasiado tarde para remediarlo.

Cuando erais pequeños, por regla general, comíais en el colegio y las cenas eran un trámite en el que equilibrar la dieta era casi el único objetivo.

Todos estábamos demasiado cansados para lucirnos con las elaboraciones. Con los años nos dimos cuenta de que era el único momento del día que podíamos compartir con vosotros; así que intentamos que, además de alimentaros, pudiéramos transmitiros lo importante que es sentarse alrededor de una mesa, relajarse, comunicarse, reír, ilusionarse con ver una peli juntos, planificar vacaciones imposibles… Y buscar la manera en que ese momento nos conectara a todos.

— ¿Qué te apetece cenar?

— ¿Una tortilla de patatas?

— ¿Una sopa minestrone?

— ¿Un wok de verduras?

— Hoy solo quiero un hervido…

— ¡Cuánto tiempo sin comer carne!

— ¡Una pizzaaaa!

En realidad, todas las preparaciones son sencillas, y podríamos y deberíamos haberos enseñado, pero ¡zas!, se escapó el tiempo y siempre hubo algo más importante.

Nunca es tarde para contaros las verdades importantes, donde las recetas, de una manera humilde, incluso rayando en lo superfluo, transmiten amor, salud, bienestar, tradición y cultura.

PARA PICAR
CON AMIGOS

Taboulé

Esta ensalada de origen sirio-libanés se compone en su base de sémola de trigo (cuscús).
Generalmente forma parte de los mezzes en las mesas mediterráneas;
una profusión de manjares que bien combinados ofrecen un espectáculo
multicolor capaz de tentar al más estoico de los mortales.
Imaginemos un buffet familiar en un día festivo. Pues el taboulé sería
uno de los platos fríos que integrarían la mesa.
Contaba un cocinero libanés que nos enseñó a elaborar este plato que cuando un joven de
la familia traía a una posible novia a casa en un día festivo, la abuela la llevaba de paseo
a seleccionar el perejil y la hierbabuena que decoran y aromatizan esta ensalada. Según la
manera de escoger las hojas, limpiarlas y trocearlas se podía juzgar si sería una buena esposa.
Así que mucho cuidado, chicos y chicas, con la selección de las hierbas.

INGREDIENTES

300 gr de cuscús o bulgur precocido

1 cebolla tierna

3 tomates pera

sal

caldo o agua

comino en polvo o ras el hanut
(mezcla árabe de varias especias)

el zumo de 1/2 limón (al gusto)

aceite de oliva

un manojo de perejil fresco

unas hojitas de menta o hierbabuena

ELABORACIÓN

Lo más práctico y sencillo es usar un cuscús precocido, con lo cual solo tendréis que hidratarlo.

Lo colocamos en un recipiente, añadimos sal y el comino en polvo o el ras el hanut. Vertemos agua o caldo caliente hasta cubrirlo, lo tapamos con un paño y lo dejamos 10 o 15 minutos. Luego separamos los granos, hasta dejarlos sueltos, con un tenedor o con las manos; si lo hacéis con las manos, untáoslas con aceite.

Por otro lado, picamos lo más fino que podamos la cebolla tierna. Pelamos los tomates, los partimos por la mitad a lo largo, retiramos el líquido y las semillas y los cortamos en *mirepoix* (daditos pequeños). Limpiamos el perejil y la hierbabuena, mucho más perejil que hierbabuena, y los picamos muy finos. Agregamos todos los ingredientes a la ensaladera donde tenemos el cuscús y mezclamos suavemente; aliñamos con aceite, sal y el zumo de limón, buscando el equilibrio y la chispa. Por último, señalar que esta ensalada, aunque su base es el cuscús, es sobre todo de perejil y este debe ser uno de sus principales ingredientes.

PARA PICAR
CON AMIGOS

Montaditos de steak tartar

Esta receta es siempre un reto y un éxito para cualquier cocinero, pero de algo estamos seguras, por mucho que nos guste el steak tartar, siempre nos gusta comerlo en casa ajena. Nos ha costado mucho tiempo sentirnos satisfechas de la receta que hoy os ofrecemos; hemos preguntado, valorado y cambiado el modus operandi un montón de veces, y finalmente este es el resultado.

ELABORACIÓN

Limpiamos bien el solomillo y lo dejamos en el congelador hasta que esté semicongelado. En el vaso de la batidora o en un cuenco, ponemos los pepinillos, las alcaparras, la mostaza, el tabasco, la salsa Perrins, pimienta, sal y el kétchup. Cubrimos con aceite de oliva, trituramos y reservamos.

Picamos lo más finamente posible la cebolla tierna y el perejil. Sacamos la carne del congelador y la cortamos con un cuchillo; primero hacemos lonchas finas y luego las troceamos en cuadraditos muy pequeños. La colocamos en un cuenco y vamos añadiendo: las yemas, la cebolla y el perejil, y el aliño antes preparado. Mezclamos todo y probamos para ajustar de sal y de picante, según cada gusto.

Tostamos las rebanadas de pan y las untamos con mantequilla.

Formamos con dos cucharadas 8 *quenelles* (como unas croquetas) de carne, las repartimos en el pan y a comer.

INGREDIENTES

250 g de solomillo de ternera

perejil fresco

1 cebolla tierna pequeña

8 alcaparras

4 pepinillos

1 cucharadita de mostaza de Dijon

6 gotas de tabasco (según os guste de picante)

1/4 de cucharadita de salsa Perrins

1/4 de cucharadita de kétchup

sal

pimienta negra recién molida

2 yemas de huevo

aceite de oliva

8 rebanadas de pan

mantequilla

PARA PICAR CON AMIGOS

Patatas rellenas de anchoas

A esta receta le tenemos un cariño especial, y cuando la elaboramos,
pensamos en cómo los momentos difíciles hacen crecer a las personas y abren horizontes.
Proviene de una mujer manchega que tuvo que emigrar a Francia en la posguerra. Encontró
trabajo en casa de un médico muy conocido en Avignon; era una gran cocinera y en poco
tiempo se volvió la reina de los fogones. Conoció una gran variedad de alimentos de calidad a
los que en la España del momento nunca hubiese tenido acceso.
Cuando regresó a su tierra lo hizo con dos hijas y una maleta cargada de recetas increíbles
que le permitieron innovar y ser pionera con una cocina sencilla, pero llena de pinceladas
nuevas. Desde muy pequeñas, cuando íbamos a su restaurante, nos dejaba entrar en la cocina
y siempre nos contaba de una manera muy simple alguna receta que fuera acorde con
nuestra edad. Por el decimotercer cumpleaños de Zulema, nos regaló estas patatitas rellenas
de anchoa que fueron y son un tesoro, y que hoy os transmitimos.

INGREDIENTES

15-18 patatas de guarnición
100 g de mantequilla
8 anchoas
aceite de oliva

ELABORACIÓN

Fundimos la mantequilla en una sartén y añadimos las anchoas picadas muy finas. Removemos y dejamos enfriar. Lavamos las patatas con agua o las pelamos; a nosotras nos gusta el sabor de la piel. Las partimos por la mitad y vaciamos el interior con una cuchara vaciadora pequeña (se utiliza mucho para hacer bolitas de fruta). Luego, freímos las patatas en aceite y cuando estén doraditas, las escurrimos y dejamos enfriar. Las rellenamos con la mezcla de anchoas; si queréis las espolvoreamos con perejil y *voilà*… ¡¡A comer!!

PARA PICAR CON AMIGOS

Hummus

Es sencillísimo de preparar. Para los que no hayan oído hablar de este puré, paté o crema, os diremos que su base son los garbanzos y el tahine (pasta de sésamo). Es un plato muy popular en todo Oriente Medio, por lo que sus versiones son muy diferentes en cada zona, aunque la base sea la misma. A nosotras nos encanta para acompañar unos pinchos morunos o un kefta de cordero o, simplemente, servirlo con pan de pita en el aperitivo. Nuestra receta es práctica y sencilla.

ELABORACIÓN

A nosotras nos gusta retirar la piel de los garbanzos. Cuando están cocidos es sencillísimo y la textura es mucho más fina; además, se digieren mejor.

En la Thermomix o en un vaso que podáis usar con la batidora, ponemos los garbanzos, la pasta tahine, el comino, el aceite, el pimentón, el zumo, la sal y el yogur. Lo trituramos hasta dejar la textura que más os agrade y probamos para poder rectificar de sal y añadirle más condimento a vuestro gusto, hasta que al probarlo suspiréis, ¡¡¡mmmmm!!!

Acompañado con pan de pita es delicioso, y si lo presentáis con piñones por encima y espolvoreado con un poco de pimentón, os trasladará a lugares remotos.

INGREDIENTES

500 g de garbanzos cocidos en agua (pueden ser de bote)

2 cucharadas soperas de tahine (pasta de sésamo, muy fácil de encontrar en cualquier tienda de productos veganos, herboristerías o naturistas)

2 cucharadas de aceite de oliva virgen

el zumo de medio limón

1 pizca de comino

1 pizca de pimentón dulce

2 cucharadas de yogur griego

sal

PARA PICAR
CON AMIGOS

Guacamole

Esta receta a base de aguacate ha conseguido sobrevivir a tantas malas versiones que solo por ello merece admiración.
La primera vez que nosotras probamos un aguacate fue en Canarias y lo tomamos con azúcar y limón. Nos pareció algo exótico y delicioso que no volvimos a comer en muchos años.
Un buen día, apareció en casa una tía nuestra maravillosa que en 5 minutos nos hizo una versión del guacamole que, a día de hoy, me sigue pareciendo el acompañamiento perfecto de las papas. Os lo aconsejamos para salir del paso en un aperitivo de emergencia. Aquí os lo contamos.

INGREDIENTES

GUACAMOLE EXPRÉS

mayonesa

1 aguacate

1/2 cebolla tierna

unas gotas de salsa picante

sal

el zumo de medio limón

GUACAMOLE TRADICIONAL

2 aguacates

1 cebolleta tierna

2 tomates pera

1 lima

unos chiles frescos picados

unas hojitas de cilantro fresco

sal

1 cucharada de aceite de oliva

PARA PICAR CON AMIGOS

ELABORACIÓN

Para el primero: mezclamos todos los ingredientes con la batidora y a comer. Si la mayonesa la elaboráis vosotros, empezad con el huevo y el aceite, y una vez ligue, id añadiendo el resto de los ingredientes.

Pero ahora os vamos a presentar el guacamole que nosotras hacemos y que consideramos más auténtico y sabroso.

La elección del aguacate es fundamental, elegidlo maduro, es lo primero; cuanto más oscuro, mayor madurez (este baremo es útil en la variedad hass, la más común en el mercado). Ponedlo en la palma de la mano y presionadlo suavemente para comprobar si cede (si no te permiten hacerlo, que el vendedor lo haga por ti). Si el color es muy oscuro y está un poco arrugado, estará demasiado maduro. Cuando lo abráis en casa si tiene tonos negros, no vale la pena que hagáis nada con él, pues será una decepción. Teniendo en cuenta que el aguacate ha salido perfecto, como era de esperar, pasemos a la elaboración.

Picamos la cebolla tierna lo mas pequeña posible. Pelamos el tomate y lo cortamos por la mitad a lo largo. Retiramos el líquido y las semillas, dejando solo la pulpa y la partimos en *mirepoix* (cuadraditos pequeños).

Pelamos los aguacates, machacamos la pulpa con la mano de un mortero y la mezclamos con la cebolla y el tomate. Sazonamos y agregamos el zumo de la lima, el cilantro picadito, los chiles (si queréis que pique) y el aceite. Vamos probando hasta que la mezcla quede potente pero equilibrada; es decir, que no haya un «pico de sabor»; si está muy ácido, lo subimos de sal, y si pica mucho, aumentamos el ácido. Así conseguimos fuerza y armonía. Triunfaréis si lo acompañáis de una «chela bien elodia» (una cerveza bien fría) y además ¡veréis las estrellas!

Paté de sardina

Con esta tapita sencillísima sorprenderéis siempre. Quizás hace unos años, cuando nuestra cocina tenía más influencia francesa, los patés y las rillettes estaban a la orden del día, pero con el cambio de siglo se fueron al baúl de los recuerdos. Hoy hemos rescatado a la sardina en conserva del olvido y os presentamos esta receta que no os llevará más de 10 o 15 minutos.

ELABORACIÓN

Escurrimos el aceite de las sardinillas y les quitamos la espina central, que no cuesta nada y la pasta queda más suave. Las mezclamos con la mantequilla, que debe estar en pomada (blanda, semiderretida); si queréis, podéis calentarla en un cacito al fuego o en el microondas. Vamos agregando los pepinillos picados, el zumo, las gotas de picante, la pimienta y dejamos la sal para el final. Trituramos todo con un mortero, una batidora o con la Thermomix. Probamos y rectificamos de sal, si fuera necesario. Incorporamos el cebollino, mezclamos y dejamos enfriar en la nevera. Un rato antes de comerlo, lo dejamos atemperar y presentamos espolvoreado con el perejil y las tostaditas de pan para untar.

INGREDIENTES

200 g de sardinillas en aceite

90 g de mantequilla

10 pepinillos en vinagre

el zumo de medio limón

cebollino fresco picado muy fino

unas gotitas de salsa picante

sal y pimienta a vuestro gusto (según vayáis probando)

perejil picado

unas tostaditas de pan

PARA PICAR CON AMIGOS

Pinchos morunos

Increíblemente, en España, los pinchos morunos más populares son de cerdo y, teniendo en cuenta que esta carne está vetada para los musulmanes, creemos que los pinchos son algo muy nuestro aunque les llamemos morunos. Está claro que se pueden realizar con cualquier tipo de carne: pollo, cordero, ternera, pero vamos a contaros nuestro adobo particular, que viene avalado por la abuela de Luis Carlos (el marido de Zulema). Esta mujer sevillana, que era una gran cocinera y que nos enseñó muchísimo, durante estos últimos años se sentaba en la cocina y nos daba instrucciones para que hiciéramos las cosas tal cual le gustaban a ella. Doña Fernanda, que así se llamaba la señora, hacía los pinchos con cabeza de lomo ibérico y le gustaba comerlos en su finca de alcornoques, cocinados en las brasas, con su copita de fino y una «hartá» de estrellas.

INGREDIENTES

900 g de lomo
salsa harissa
1 calabacín (opcional)

PARA EL ADOBO

1 cucharada de comino
media cucharada de pimienta negra en polvo
1 cucharada de jengibre en polvo
media cucharada de pimentón dulce
un cuarto de cucharada de cúrcuma
1 diente de ajo, 1 cebolla
1 cucharada de perejil fresco
1 cucharada de cilantro fresco
el zumo de 1 limón
6 cucharadas de aceite de oliva, sal

ELABORACIÓN

Como ya os hemos dicho, las especies son algo que mezcláis vosotros con intuición. Nosotras os damos esta orientación, que debéis adaptar a vuestro gusto.

Mezclamos los ingredientes del adobo en un recipiente y trituramos; valorad que la mezcla esté equilibrada y rectificad si es necesario.

Cortamos la carne en dados iguales (pedid la parte de la cabeza que es más jugosa) y la mezclamos con el adobo; cuanto más tiempo macere mejor; una hora es poco, pero suficiente.

Si vais a cocinarlos sobre brasas de carbón, los pinchos deben ser metálicos. Si los cocináis en plancha o sartén podéis usarlos de madera (dejadlos en remojo con agua antes de montar la brocheta). Otra opción es saltear la carne y luego introducirla en los pinchos; nosotras les añadimos unas rodajas de calabacín también salteadas. En cualquier caso, os quedaréis encantados con el resultado.

Los servimos acompañados de salsa harissa (tradicional en Túnez y Marruecos, está elaborada con chiles rojos y especias. A la venta en tiendas de alimentación marroquíes o en establecimientos gourmet), que le da un toque especial por su sabor picante. Pero también nos gusta acompañarlos con una ensaladita de lechuga, tomate y pepino o con una de pimientos y berenjena asada, aliñada con aceite y limón. El hummus puede ser otro buen acompañamiento.

PARA PICAR CON AMIGOS

Tortilla de patata

Elegir este plato como comienzo de una cocina sencilla, económica y saludable es casi obligatorio. La tortilla de patata es nuestra tortilla, y la defendemos y la apreciamos como un banderín de enganche. Así que...

Si quieres hacer amigos: tortilla

Seducir a un chico/chica: tortilla

Televisión y lluvia: tortilla

Consolar a tu prima: tortilla y una copita de vino

Las recetas de tortilla son innumerables, pero nosotras os ofrecemos la de Pepe, un íntimo amigo que tiene una parroquia de jóvenes suspirando todas las semanas en la puerta de su casa. Dicen que por sus hijos, pero en realidad es por las tortillas de su padre. Entenderéis que no podemos pasar de largo tanto por tan poco, así que manos a la obra, delantal y ¾ de hora por delante.

ELABORACIÓN

Pelamos las patatas, las lavamos y las secamos. Las cortamos en rodajas finas y las sazonamos. Cubrimos el fondo de la sartén con una capa de aceite de un dedo y medio y lo calentamos a fuego medio. Incorporamos las patatas, le damos un par de vueltas y bajamos el fuego.

En el caso de que la tortilla os guste con cebolla, la pelamos y cortamos en cuadraditos pequeños. La añadimos al aceite antes que las patatas; según nuestro amigo el punto de cocción justo está entre frita y cocida. Tened en cuenta que en la elaboración de una tortilla es imposible hablar de cantidades exactas. Nosotras tenemos una fórmula simplona, pero bastante fácil: si consideráis las patatas del tamaño de un huevo, añade un huevo por patata y, en consecuencia, adaptamos la fórmula al tamaño y al número de patatas. Ahora, batimos los huevos con sal; escurrimos las patatas y las mezclamos con el huevo. Probamos y ajustamos de sal.

En la misma sartén, ponemos una cucharada de aceite y cuando esté caliente, volcamos la mezcla de huevo y patatas. Si la tortilla va a ser fina, con un par de vueltas rápidas estará lista y jugosa como las que hace mi madre.

Para darle la vuelta, aseguraos de que el diámetro del plato es mayor que la sartén. El movimiento debe ser firme y rápido; mientras que una mano sujeta el mango de la sartén, la otra sujeta el plato. Cuando ya la tengáis en el plato, la devolvéis despacio a la sartén.

Las tortillas pueden quedar babosas o secas, y aunque se dice que el término medio es la virtud, desde luego, cuando tenemos invitados, preferimos dejarla bien cuajada.

INGREDIENTES

6 patatas medianas

10 huevos medianos

aceite de oliva suave

1 cebolla (opcional)

sal

PARA PICAR CON AMIGOS

Empanadillas

Esta es una auténtica receta de reciclaje. Aprovechad cualquier resto de la nevera, cambiadle el aspecto y veréis cómo lo disfrutas. Las empanadillas tienen la ventaja de poder comerse frías, calientes, recién hechas o al día siguiente. Podéis hacer la masa o comprarla hecha; venden unas obleas de trigo fáciles de manipular y buenísimas. En cualquier caso, vamos a comenzar explicando una masa sencilla de empanadillas, aunque luego recurramos a lo práctico.

INGREDIENTES

PARA LA MASA

125 ml de aceite de oliva (si es virgen, probad que no sea muy fuerte)

125 ml de vino blanco o mitad de vino y mitad de agua

harina

1 cucharadita de sal

PARA EL RELLENO

1 lata de atún

200 g de pisto

1 puñadito de piñones

ELABORACIÓN

Calentamos el aceite con el vino y la sal, y removemos. Luego añadimos esta preparación, dejándola caer poco a poco como en un hilo, a 350 g de harina, amasamos y hacemos una bola. La dejamos reposar unos 20 minutos y la estiramos entonces sobre una base enharinada con un rodillo hasta dejarla muy fina. La cortamos en círculos del tamaño elegido con un cortapastas y los vamos rellenando en el momento, pero si los reserváis, colocad un papelito entre cada círculo de masa para que no se peguen.

Para el relleno de las empanadillas nosotras aprovechamos cualquier resto, pero un pisto puede ser el ideal.

Mezclamos todos los ingredientes del relleno y ahora vais a demostrar vuestra habilidad para dar forma a las empanadillas. Nuestro consejo es coger una bolsa de congelación de plástico o el papel de separar las empanadillas, que nos ayudarán a doblar la masa por la mitad. Pero antes, repartimos el relleno en los círculos y humedecemos el borde de la masa. Al doblar el plástico, los bordes quedan unidos, y retiramos el papel. Si queréis, dibujad unas rayitas en el filo con un tenedor. Luego, las horneamos unos 10 minutos a 180°.

Ojalá hagáis muchas empanadillas y las disfrutéis en buena compañía.

Si os sobran…

Las empanadillas se pueden congelar. Primero se ponen en una bandeja, separadas unas de otras y una vez congeladas se pueden juntar todas en una bolsa.

Pasta carbonara

Este plato es uno de los más populares de la cocina italiana, pero quizá por su sencillez es de los peor tratados. Todos creemos que la nata va unida a la carbonara como ingrediente fundamental, pero un napolitano se echaría las manos a la cabeza con una carbonara con nata. Nuestra amiga Marcela nos dio esta receta y es la que elaboramos en casa. El secreto está en la melosidad del huevo… que es todo un arte.

INGREDIENTES

500 g de espaguetis

150 g de queso parmesano (los italianos utilizan mitad parmesano, mitad pecorino)

4 huevos (1 por persona)

150 g de panceta o beicon (en Italia, el *guanciane* es lo auténtico, que es una chacina sin ahumar) cortado en tiras o dados

pimienta negra

aceite de oliva

sal gruesa

ELABORACIÓN

Llevamos a ebullición abundante agua con un poco de sal gruesa en una olla; debe estar sabrosa pero no salada. Cuando rompa el hervor, introducimos la pasta y la dejamos cocer el tiempo que indique en el envase para que esté al dente. Mientras, batimos los huevos con pimienta y el queso recién rallado.

Salteamos la panceta o el beicon en una sartén con un hilo de aceite. Escurrimos la pasta cuando esté al dente, reservando un poco del agua de la cocción, y la añadimos al beicon (tened esto en cuenta a la hora de elegir la sartén), removemos y… llegamos a un momento crucial: apagamos el fuego y lenta y suavemente vamos incorporando la mezcla de huevo. Es muy importante que el fuego esté apagado para que el huevo, en vez de cuajar, aporte una salsa melosa. Cómo veréis, más fácil imposible, aunque el auténtico cocinero siempre es temeroso de las recetas tan simples, pues nada esconde nada.

Para que quede en su punto
Si acaso consideráis que el conjunto queda un poco seco, podéis añadir el agua reservada de la cocción.

Sopa de tomate

sencilla y deliciosa. Para nosotras, esta sopa era algo insólito y tenía un aura de misterio por su origen alemán. A mi madre se la enseñó una amiga, que su abuela era alemana, y la tomábamos los sábados a mediodía. No recordamos qué comíamos después, pero sí que no nos cambiaban el plato para el segundo porque estaban relucientes.

INGREDIENTES

500 g de pulpa de tomate

1 cebolla pequeña

50 g de mantequilla

50 ml de aceite de oliva

50 g de harina

1 clavo de olor

1 hoja de laurel

sal

pimienta negra en grano

1 y 1/2 litro de caldo de carne (puede sustituirse por agua con concentrado de carne)

ELABORACIÓN

Pelamos la cebolla y la cortamos en juliana. La sofreímos con el aceite y la mantequilla hasta que esté transparente. Añadimos la pulpa de tomate (si no tienes tomate maduro natural puedes utilizarlo en conserva), dejamos cocer un par de minutos a fuego lento y agregamos la harina, removiendo con una cuchara de madera. Usamos utensilios de cocina de madera porque creemos que son muy personales. Tener un tarro con cucharas, espátulas, palas cerca de los fogones crea sensación de calidez.

Cuando se integre la harina, agregamos el caldo de carne (como no es usual tener diferentes caldos en la nevera, podéis utilizar agua mezclada con un concentrado tipo Bovril. Tened cuidado porque es salado, así que mejor sed cautos a la hora de añadir sal) y removemos. Añadimos la pimienta, el clavo y el laurel, y mantenemos la cocción a fuego lento durante 1/2 hora aproximadamente. Nuestro consejo es que la tapéis, pero dejando una rendija para vigilar y remover. No la dejéis cocer más de este tiempo porque si no se pasará. La probamos, ajustamos de sal y la tamizamos con un chino o la pasamos por un colador de agujeros finos y ¡listo!

Verás que rica

Riega la sopa con un chorrito de crema agria y echa por encima un huevo duro picado.

Ensalada de brócoli

Es tan fácil y versátil que se puede comer varias veces por semana cambiando algún ingrediente. Esta receta se le ocurrió a Zulema en un avión. Tenía mucha hambre y le dieron una bandeja horrible que costaba digerir. Y entonces empezó a pensar en un montón de opciones mucho más sencillas que las albóndigas mezcladas con arroz, guisantes y zanahoria que tenía delante. Se nos hacía la boca agua saboreando una sencilla ensalada de brócoli con la verdura al dente, casi crujiente, unos ñoquis, unos tomatitos secos en aceite y un buen pesto… ¡Cómo suena! Pues allá vamos.

INGREDIENTES

1 tronco (300 g aprox.) de brócoli (esta verdura es muy rica en minerales y vitamina A y C)

300 g de ñoquis

tomates secos en aceite de oliva (podéis sustituirlos por tomates cherry o por un buen tomate de ensalada)

sal

pimienta

PARA EL PESTO

unas hojas de albahaca

queso parmesano

unos piñones

aceite de oliva

ELABORACIÓN

Llevamos agua salada a ebullición en dos cazos distintos. En uno, añadimos el brócoli limpio y separados los ramilletes; si os gusta al dente, en 5 minutos estará listo. Lo escurrimos y dejamos enfriar (podéis introducirlo en agua con hielo; de esta forma, además de enfriarlo rápido, mantendréis su color más vivo. Luego, escurridlo de nuevo pasados 2 minutos).

En el otro cazo, agregamos los ñoquis y los cocemos 3 minutos. Cuando suban a la superficie, ya están listos. Escurrimos y reservamos.

El pesto se encuentra hoy en cualquier supermercado, pero su elaboración es tan sencilla que vale la pena perder un par de minutos y hacerlo en casa. Introducimos en un recipiente las hojas de albahaca lavadas, un puñadito de piñones, unas lascas de parmesano, un chorrito de aceite de oliva y trituramos al gusto con una minipimer, aunque hacerlo con la mano de mortero es más auténtico. Rectificamos de sal y le añadimos pimienta negra (si os gusta).

En una ensaladera colocamos los ñoquis, los ramilletes de brócoli, el tomate seco troceado y aliñamos con el pesto, o servimos este en un recipiente aparte. Probamos y a disfrutar.

Más ideas

Los ñoquis se pueden sustituir por patata cocida o cualquier otra pasta como los orechietti, macarrones finos, etcétera. En 10 minutos podéis resolver una comida o una cena exquisita. ¡Suerte!

Huevos Perico

Hace muchísimos años, un amigo muy cercano se puso a cocinar un plato sin que nadie supiera lo que estaba haciendo. La nevera era un erial, solo había un par de tomates, dos o tres cebollas y una docena de huevos. Lo que sí teníamos era un hambre feroz; al cabo de 10 minutos, la casa empezó a oler a gloria, a pan tostado y sofrito y, aunque fuera llovía y todo parecía destemplado, cuando salió aquella bandeja humeante a la mesa nos arremolinamos salivando y preguntamos entusiasmados: ¿qué es esto?

Huevos Perico, contestó nuestro amigo, acostumbrado a desayunar este platillo durante toda su infancia. Los huevos son un desayuno típico de Colombia, que se toman con arepas o tostadas. Los desayunos fuertes en España han quedado olvidados por falta de tiempo, suponemos. Pero un día de fiesta, en una casa de estudiantes, tras una larga noche, unos huevos Perico compartidos pueden revivir a un muerto.

Esta receta nos ha acompañado siempre, fue la primera que aprendió la hija de Zulema delante de un fuego, ya que ese amigo tan cercano terminó siendo su padre y antes el marido de Zulema.

INGREDIENTES

2 huevos por persona

1 tomate por persona

1/2 cebolla tierna por persona (si no tienes tierna, seca)

un poco de queso tipo cheddar, que funda bien (opcional)

aceite de oliva

mantequilla

sal

pimienta

ELABORACIÓN

Calentamos mantequilla y aceite a partes iguales en una sartén (si es antiadherente mejor). Añadimos la cebolla cortada en cuadraditos y la sofreímos con paciencia. Mientras se va pochando, pelamos los tomates (si os da pereza, podéis trocearlos sin pelar), los cortamos por la mitad y retiramos el líquido y las semillas. Luego los partimos también en daditos pequeños. Los añadimos a la sartén y dejamos que cueza todo junto durante unos minutos. Batimos los huevos, uno o dos por persona dependiendo del hambre, los salpimentamos y los agregamos a la sartén. Los cocemos, con el fuego al mínimo, removiendo suavemente. Cuando empiece a cuajar, incorporamos el queso (si queremos), tapamos y apagamos el fuego; este se fundirá con el calor residual.

Deliciosos con arepas

Nosotras los acompañamos con pan tostado y mantequilla o con arepas de maíz. La elaboración de estas es sencillísima; solo necesitas una harina especial precocida, que incluye en el paquete la receta de la elaboración perfectamente explicada. Hoy en día es muy fácil encontrarla en muchos sitios, en tiendas especializadas en productos latinoamericanos o incluso en supermercados pequeños.

Ensalada de quinoa

La quinoa ha entrado hace muy poco en nuestras cocinas. Hace cinco años ni siquiera sabíamos de su existencia y ahora la empleamos como guarnición, en ensaladas, para rellenar verduras…

Este cereal, que se cultiva principalmente en la cordillera de los Andes, tiene tantas propiedades y beneficios que parece increíble lo sencillo de su elaboración.

Posee más proteínas que la mayor parte de los cereales, ácidos omega 3 y 6, aporta fibra, minerales como el potasio, magnesio, zinc, hierro y calcio, además de vitaminas B y E, y no contiene gluten. Es ideal para diabéticos o personas que quieran adelgazar comiendo sano por su bajo índice glucémico.

La receta que os proponemos hoy nos la regaló una amiga y, ¡atención!, a ella se la cocinó su actual chico en su primera cena juntos. Podríamos decir que además de todos los beneficios para la salud, también está altamente indicada para el amor.

INGREDIENTES

150 g de quinoa

6 filetes de anchoa

1 aguacate

queso fresco (vaca, cabra o mezcla de la leche que más os guste)

sal

PARA LA VINAGRETA DE FRESAS

unas fresas

mostaza de Dijon (o la que tengáis a mano)

vinagre de Módena (optativo)

aceite de oliva

sal

pimienta

ELABORACIÓN

Lavamos la quinoa y la hervimos en abundante agua con sal (como si fuera arroz) durante 12-18 minutos, dependiendo de la dureza del agua. Escurrimos los granos que se habrán abierto e hinchado y la dejamos enfriar a temperatura ambiente. Troceamos los filetes de anchoa. Pelamos el aguacate y lo partimos en daditos. Cortamos igual el queso fresco.

Para la vinagreta, trituramos las fresas con un poco de mostaza, aceite, sal, pimienta y unas gotas de vinagre de Módena. Comprobamos el punto de sazón.

Ponemos en un cuenco la mitad de la quinoa y la mezclamos con las anchoas, el queso y el aguacate. Luego, vamos añadiendo el resto de la quinoa, hasta que consideréis que la ensalada está equilibrada de cereal y tropezones.

Aliñamos con la vinagreta de fresas o la servimos aparte, y ¡¡¡¡a romper corazones!!!!

Antes de cocerlas

Es importante lavar la quinoa antes de hervirla para quitarle una capa que la recubre y que le da un sabor amargo.

Entrecot a la pimienta

Si alguien nos preguntara en qué momento nos enamoramos de la cocina, creo que nuestra respuesta sería inmediata: la primera vez que probamos el entrecot a la pimienta. Es cierto que en 2016 esta receta parece obsoleta y tenemos que rescatarla del baúl de los recuerdos; nosotras preferimos definirla como un clásico de la cocina que no podemos olvidar. Es tan versátil como nuestra imaginación. Al final, lo que cuenta es tener muy claro cómo hacer la salsa de pimienta y combinarla con cualquier tipo de carne o pescado, también es deliciosa acompañando a una hamburguesa. Hoy vamos a contaros nuestra receta, la que nos piden nuestros hijos y nuestros amigos, la que hace ya muchos años sorprendió a nuestros paladares.

INGREDIENTES

1 entrecot por persona (200 g más o menos) o un gran entrecot para compartir entre varios

sal gruesa

pimienta negra recién molida o pimienta verde en grano (optativo)

100 ml de bourbon (en caso de no tener, serviría cualquier otro alcohol)

250 ml de nata

1 cucharada de mostaza (antigua o de Dijon)

aceite de oliva

ELABORACIÓN

Espolvoreamos sal gruesa en una sartén y la ponemos al fuego (cuanto más grueso sea el fondo de la sartén, mejor para esta elaboración). Cuando esté caliente, añadimos la carne, dejamos un par de minutos y le damos la vuelta. Luego, añadimos un chorrito de aceite.

¡Atención! Si estáis cocinando con gas, en este punto tenéis que ser cuidadosos, pues al añadir aceite a un sartén muy caliente, lo más probable es que salga una llamarada. A nosotras nos gusta que así sea, porque los alimentos se impregnan de cierto sabor a brasa que es delicioso, pero requiere experiencia y tranquilidad.

Si tenéis dudas, simplemente apagáis el fuego antes de añadir el aceite y enseguida lo volvéis a encender; así evitaréis cualquier situación de riesgo.

Cuando la carne esté dorada por ambas caras, la retiramos, la dejamos reposar al calor y en la misma sartén, para desgrasar los jugos de la carne, le añadimos el bourbon. Si el fuego es de gas y está fuerte y además la sartén está caliente, se flambearán. Por ello, hay que controlar el fuego, pero si no queréis arriesgaros, simplemente lo apagáis 1/2 minuto y al encenderlo de nuevo, reducís el alcohol a fuego suave y le añadís la pimienta negra o verde, la mostaza y la nata. Removemos e incorporamos de nuevo el entrecot. Dejamos unos instantes, hasta que alcance el punto de cocción deseado; ¡ojo! si la salsa no liga, la dejamos cocer 1 o 2 minutos más. Servimos el entrecot en un plato caliente con la salsa, unas patatas fritas y, si queréis, con un poco de lombarda cocida.

Un plato exprés

Una vez que tenemos todos los ingredientes sobre la mesa de trabajo, como su elaboración es muy rápida, los comensales deben estar prevenidos, la guarnición preparada y la mesa puesta.

Pollo al curry

Esta receta tiene muchísimas versiones: el curry no es una especia en sí misma, sino una mezcla de ellas.

Los ingleses adoptaron el término curry para nombrar platos y guisos que llevaban una mezcla rica en especias. Generalmente incluyen cardamomo, canela, fenogreco, cúrcuma, jengibre, alcaravea, comino, cilantro… La preparación varía según las regiones y las familias. De esta manera podemos llegar a la conclusión de que no se puede comer dos veces el mismo curry. Teniendo en cuenta que hay currys en India, Asia o África, entendemos que sus recetas son interminables. Esperamos ser capaces de sacaros del lío en el que os hemos metido y enseñaros al menos las bases de las recetas que nosotras manejamos en la cocina. Vamos a utilizar el pollo como ingrediente base para el guiso. En primer lugar os daremos la receta más complicada y luego la simplificaremos al máximo para que podáis hacer un curry en solo 5 o 10 minutos.

INGREDIENTES

6 contramuslos de pollo deshuesados y sin piel

6 cebollas

la pulpa de 1 tomate

ghee (mantequilla clarificada de leche de vaca originaria de la India. A la venta en tiendas de productos ecológicos)

polvos de curry (somos fans de la marca Sherwood)

fenogreco

jengibre en polvo

3 cucharadas de zumo de lima o de maracuyá

250 ml de leche de coco

un fondo de ave

sal

ELABORACIÓN

Comenzamos pelando y cortando las cebollas en juliana fina y las rehogamos, a fuego suave, con 2 cucharadas de ghee. Le añadimos unas bolitas de fenogreco, una pizca de jengibre y la pulpa del tomate, y lo dejamos cocer, removiendo, hasta que la cebolla esté muy tierna. Le añadimos el fondo de ave, un par de cucharadas de los polvos de curry y el zumo de lima o de maracuyá. Lo dejamos hervir unos 20 minutos más y luego lo pasamos todo por la Thermomix, si tenemos; si no por la minipimer.

Cortamos los contramuslos de pollo en dados de tamaño uniforme y los añadimos a la cazuela con la cebolla triturada. Comprobamos la sal y las especias y lo cocemos, a fuego muy suave, durante 1 hora aproximadamente, vigilando que no se quede seco ni se agarre al fondo de la cazuela. Pasado este tiempo, le añadimos la leche de coco y proseguimos la cocción 1/2 hora más. Rectificamos de sal y listo para comer.

Hay una manera para saber si un guiso está terminado, independientemente de los tiempos orientativos que os decimos, y es cuando la grasa sube a la superficie. En el caso del pollo al curry, de repente se observa que el ghee cubre la parte superior. Cuando esto ocurre, no hay duda de que el guiso estará listo para comer.

Como guarnición, nada mejor que servirlo con un arroz basmati. Este arroz se caracteriza por tener un grano largo y por ser muy aromático. Lo hervimos simplemente en agua (añadimos el doble exacto de líquido que de arroz) con un poco de sal durante 12 minutos a fuego

lento; comprobamos entonces si está duro; si es así, lo tapamos si fuera necesario, y lo dejamos cocer durante 5 minutos más, hasta que el grano esté en su punto. Luego lo escurrimos y a veces lo salteamos con un poco de ghee (unos 50 g de ghee por cada 200 g de arroz).

Ahora os vamos a dar la versión superfácil del pollo con curry exprés. Para 4 personas es necesario que tengáis: 2 pechugas de pollo, ghee, sal, aceite de oliva, 1 bote de leche de coco, 1 cucharada de curry y otra de zumo de lima o de limón.

Cortamos las pechugas en dados del mismo tamaño más o menos, sazonamos y salteamos con ghee o mantequilla; si se hace con mantequilla, añadimos un poco de aceite para que no se queme. Doramos los tacos de pollo lentamente y espolvoreamos con los polvos de curry. Vertemos el zumo de limón y la leche de coco, tapamos y dejamos cocer a fuego lento unos 5 minutos hasta que el pollo esté blanquito por dentro. Rectificamos de sal y lo acompañamos también con arroz.

Y a comer rápido, sano, bueno y barato.

¿Lo sabías?

El fenogreco es una semilla de origen africano, un poco desconocida en nuestro país, que se caracteriza por su fuerte sabor. Se puede tostar en la sartén y usar para condimentar carne o pescado.

Chopsuey de gambas

Esta receta nos la enseñó un amigo colombiano de origen oriental, que mantenía el secreto de la receta familiar haciéndola pública solo entre sus amigos. Estos a su vez se la contaban a otros amigos y familiares, haciendo pasar «el secreto» de continente en continente. El número de verduras que utilicemos debe coincidir con el número de comensales y así no resultará pesado al cortarlas, pues deben trocearse muy finas. Es un plato sencillo de realizar en el que todo el mundo puede participar mientras se charla de cualquier cosa en la cocina. Vamos con la elaboración.

INGREDIENTES

2 cebolletas

1 puerro

2 ramas de apio

2 zanahorias

1 hinojo pequeño

1 pimiento rojo pequeño

unos brotes de soja

500 g de gambas (también podéis calcular, según su tamaño, las unidades por persona)

1 cucharadita de maicena

2 cucharadas de salsa de soja

1 guindilla (solo si os gusta el picante)

2 cucharadas de aceite de sésamo, girasol u oliva

vino blanco

ELABORACIÓN

Lavamos y limpiamos las verduras y las troceamos en juliana (en tiras alargadas lo más finas posibles). A las gambas, tanto si tienen cabeza como si no, les damos un hervor de 1 minuto en un poquito de agua y, al escurrirlas, reservamos el agua para elaborar la salsa.

Pelamos las gambas y, si tienen cabeza, las machacamos con la ayuda de una cuchara o la mano de mortero, para sacarles el jugo; después, lo colamos y añadimos al caldito anterior.

Calentamos 2 cucharadas del aceite elegido (el de sésamo le da muy buen sabor, es potente y se puede mezclar con el de girasol u oliva) en un wok (sartén redonda abombada en la base, típica de China), una sartén grande o en una paella. Vamos añadiendo las verduras, de una en una, y las salteamos, a fuego vivo. Teniendo en cuenta que es un salteado rápido, pues deben quedar al dente, con que cada una cueza 3 o 4 minutos será suficiente. Luego, espolvoreamos la guindilla, añadimos las gambas, removemos y retiramos.

Para terminar, mezclamos el caldito con la salsa de soja y un chorrito de vino. Llevamos a ebullición, añadimos la maicena diluida en medio vasito de agua fría y dejamos cocer hasta que espese ligeramente. Cuando tengamos la salsa con la densidad que nos guste, la incorporamos a la mezcla de gambas y verduras junto con los brotes de soja, le damos un par de vueltas en el fuego para mezclar los sabores y ¡a comer!

Ideas para servirlo

Las gambas se pueden sustituir por pollo en tiras, cerdo o ternera, por lo que más os guste o tengáis a mano. Y la guarnición perfecta es un arroz blanco de grano largo. Para servirlo, lo decoramos con hojitas de cilantro y ralladura de limón. ¡Buen apetito!

sándwich croque monsieur

El croque monsieur se atribuye a un café parisino que lo elaboraba desde principios del siglo XX. Nuestro recuerdo de este maravilloso sándwich se remonta a las Semanas Santas de nuestra infancia, cuando llegábamos a casa de volar la cometa y nos esperaban calentitos los «emparedados» a la francesa; así los llamábamos nosotros. Existen múltiples recetas, algunas más elaboradas que otras, pero confiamos plenamente en que esta se adapte a todos los paladares de cualquier edad, la elaboréis rápido y no perdáis ni 10 minutos de la conversación.

INGREDIENTES

8 rebanadas de pan de molde

4 lonchas de jamón de York

200 g de queso gruyère

mostaza

queso rallado

PARA LA BECHAMEL

50 g de mantequilla

1 cucharada de aceite de oliva

1/2 cucharada de harina

150 ml de leche

sal

pimienta

ELABORACIÓN

Primero os vamos a explicar cómo se hace la bechamel. Derretimos la mantequilla con el aceite en una sartén pequeña a fuego medio. Añadimos la harina y la doramos 1 minuto más o menos, sin dejar de remover. Vertemos la leche, poco a poco, siempre removiendo, y salpimentamos. Dejamos cocer unos 5 minutos más hasta que espese y listo.

Untamos con un poco de mostaza y de bechamel (que no debe estar ni líquida ni caliente) la cara interior de cuatro rebanadas de pan y luego añadimos el queso y el jamón de York. En las otras cuatro rebanadas solo untamos una capa fina de bechamel, también en la cara interior, y las ponemos sobre las primeras, para formar los sándwiches. Los colocamos en la placa del horno y untamos cada uno con una fina capa de bechamel, los espolvoreamos con queso rallado y horneamos 10 minutos en el horno precalentado a 180° o hasta que veamos el queso gratinado.

Espero que esta sencilla receta se vuelva un clásico en vuestra cocina y que la acompañéis con cometas. Así la disfrutaréis mucho más.

Sabías qué...

También existe un sándwich que se llama *croque madame*; la versión femenina del *croque monsieur*. La única diferencia es que este se sirve decorado con un huevo frito.

Fricandó de ternera

*Sobre los guisos y estofados de ternera en esta España variopinta, cada casa tiene su receta.
Lo cierto es que no hay un solo hogar donde no se elabore este tradicional plato.
Hemos adaptado el famoso ragú italiano al no menos conocido fricandó catalán.
Por eso los trocitos de carne están cortados en daditos y no en filetes. Pero esto es una licencia,
que creemos no le importará a ningún país ni comunidad.
Es un guiso hecho al más puro estilo de nuestras abuelas: sencillo, sano y económico.*

INGREDIENTES

1 kg de ternera (babilla o tapa)

2 zanahorias

3 cebollas

2 o 3 tomates maduros según tamaño

6 cucharadas de aceite de oliva

20 g de almendras

2 rebanadas de pan

2 dientes de ajo

1 vaso de vino blanco

harina

hierbas aromáticas

sal

pimienta

ELABORACIÓN

Cortamos la carne en dados pequeños y los salpimentamos. Luego, los enharinamos ligeramente y los freímos en aceite, procurando que el aceite no se queme y así se podrá utilizar luego para el sofrito. Después, pasamos la carne a una cazuela.

Colamos el aceite que hemos usado para freír la carne y sofreímos en él la cebolla y la zanahoria cortada en cuadritos. Añadimos el tomate despepitado y troceado, y unas hierbas aromáticas atadas con hilo de cocina formando un manojito; así podrás retirarlas con facilidad. Proseguimos la cocción, regamos con el vino y dejamos reducir unos minutos.

Añadimos 1/2 cucharadita de harina, mezclamos todo bien, removemos 1/2 minuto y agregamos esta mezcla a la cazuela donde tenemos reservada la carne. Cubrimos la preparación con agua o caldo de ave y dejamos cocer a fuego suave 1 hora; es mejor vigilarlo de cerca pues al llevar harina, es fácil que se pegue o agarre al fondo de la cazuela. Al final de la cocción, retiramos las hierbas.

Mientras, freímos las almendras con el pan y los ajos en un poco de aceite, lo retiramos y lo machacamos todo con un poco de salsa del guiso. Podemos hacerlo con la batidora o en el mortero. No hace tanto tiempo la picada se elaboraba así, con la mano de madera. Podéis rescatar esta técnica pues es muy reconfortante olvidarse de la electricidad y utilizar la muñeca para que no se oxide. Añadimos la mezcla de almendras a la cazuela, dejamos cocer unos 5 minutos, rectificamos de sal y ya tenéis vuestro guiso a punto.

Con setas

El fricandó tradicional se prepara con setas. Basta con 100 g (si son deshidratadas, comenzamos poniéndolas en remojo). Las colmenillas, senderuelas y los champiñones son nuestras favoritas.

Crepes rellenas

Recuerdo que durante las Olimpiadas de Múnich de 1982, cuando Mark Spitz consiguió las siete medallas de oro, nuestros padres nos llevaron a pasar unos días al palmeral de Elche. Una noche, en la piscina, mientras un pianista amenizaba la cena, todos guardábamos silencio porque aquello nos superaba, estábamos boquiabiertos con tanta elegancia y, para colmo y sorpresa, apareció el maître y se marcó un flambeado de crepes suzette que casi nos caemos de la silla. Todavía es uno de nuestros recuerdos más gratos. Y cómo debieron disfrutar nuestros padres viéndonos sentados, callados y anonadados.
Por los viejos tiempos hoy os ofrecemos la receta de las crepes en nuestras dos versiones favoritas: rellenas de arequipe (dulce de leche) y las más suculenta, flambeadas con Cointreau y zumo de naranja.

INGREDIENTES

PARA LAS CREPES

200 g de harina

3 huevos medianos

450 ml de leche

mantequilla

PARA EL AREQUIPE

1 bote de leche condensada

PARA LAS CREPES SUZETTE

mantequilla

Cointreau o Grand Marnier

1 vaso de zumo de naranja

ELABORACIÓN

Primero hacemos las crepes: batimos la harina, los huevos y la leche, y dejamos reposar la mezcla al menos 20 minutos.

En una sartén antiadherente del tamaño elegido, la untamos con mantequilla y añadimos un cucharón de la mezcla anterior, lo suficiente para que cubra el fondo de la sartén. Dejamos cocer hasta que salgan burbujitas y le damos la vuelta para que se dore por el otro lado. Repetimos esta operación hasta acabar con la masa.

Para el arequipe:

Lo podéis comprar ya elaborado en muchos supermercados, sobre todo en los especializados en productos latinos. Según el país tiene diferentes nombres: chimbote, manjar blanco…, en México lo llaman cajeta y lo hacen con leche de cabra. Si queréis elaborar el arequipe vosotros mismos, tomad nota:

Ponemos el bote de leche condensada en una olla y lo cubrimos con agua. Lo mantenemos en el fuego, tapado, 2 horas o 2 y 1/2 horas, vigilando que no le falte agua. Transcurrido ese tiempo, retiramos y dejamos enfriar en la olla. Al abrirlo veréis que su color se ha vuelto como el del tofe.

Untamos la mitad de las crepes con el arequipe y las enrollamos.

Para las crepes suzette, ahí va nuestra mejor receta:

Fundimos mantequilla en una sartén caliente y le añadimos un poco de Cointreau o Grand Marnier; si el fuego es de gas, tened cuidado porque flambeará vivamente. Al parar el flambeado, añadimos el zumo, cocemos 1 minuto e incorporamos el resto de las crepes dobladas. Cuando veamos que la salsa se carameliza, retiramos, las servimos con las de arequipe y ¡a comer!

La mezcla de estos dos tipos de crepes es deliciosa, porque se combina la acidez de una con el dulzor de la otra.

Flan de café

No podemos entender un recetario sin al menos un flan, sea del sabor que sea. ¿En qué casa no hay un devorador de flanes? Es un postre que no tiene edad y que gusta a todos, pequeños y grandes. Esta es una receta muy especial, que nosotras hacemos con mucho cariño.

INGREDIENTES

2 cafés solos

300 ml de leche

300 g de leche condensada

6 huevos pequeños

PARA EL CARAMELO

100 g de azúcar

ELABORACIÓN

En primer lugar, hacemos el caramelo. Ponemos el azúcar en una sartén antiadherente a fuego fuerte y le añadimos unas gotas de agua. Lo dejamos cocer, removiendo, y cuando esté líquido, lo repartimos en las flaneritas, extendiéndolo bien por todos lados.

En un cuenco batimos los huevos con varillas manuales y le añadimos la leche condensada, la leche y dos cafés. Volvemos a batir todo de nuevo hasta que se integren.

Distribuimos la mezcla en los moldecitos y los metemos en el horno. Los cocemos al baño María unos 35 minutos a 170°. Los retiramos, dejamos enfriar y los desmoldamos.

¿Hay algo más fácil?

Pruébalo así

Si lo servís con unas frutas rojas como grosellas, frambuesas o arándanos, la mezcla de sabor es insuperable.

Mousse de chocolate

También conocido como el postre de los golosos. Cuando es tu cumpleaños y puedes pedir lo que quieras; cuando has estado enfermo y te quieren mimar; si te quieren conquistar, incluso si te quieren engañar… No hay nada que no se consiga con una buena dosis de chocolate, ¿o no?

INGREDIENTES

200 ml de chocolate de cobertura

PARA LA CREMA INGLESA

500 ml de leche

6 yemas

150 g de azúcar

1 vaina de vainilla

ELABORACIÓN

Calentamos la leche con la mitad del azúcar y con la vaina de vainilla, abierta a lo largo para que las semillas se esparzan. Luego, mezclamos las yemas con el resto del azúcar. Cuando la leche llegue a ebullición, la vertemos sobre las yemas sin dejar de remover, hasta que se integre todo. Cocemos esta mezcla, a fuego suave y removiendo, hasta que casi llegue de nuevo a ebullición. La retiramos y la disponemos en un cuenco. Verás que la mezcla ha espesado, pero si no fuera así, repite la operación y finalmente pásalo por un chino.

A continuación fundimos el chocolate al baño maría y lo mezclamos con la preparación de las yemas; podéis hacerlo removiendo con varillas manuales o lo pasáis por la batidora.

Lo dejamos enfriar en la nevera y, en el momento de sacarlo a la mesa, lo servimos en raciones individuales formando quenelles (como si fueran croquetas) con la ayuda de dos cucharadas.

Y a soñar…

Una mezcla deliciosa

Nosotras regamos la mousse con unas gotitas de aceite virgen, la espolvoreamos con unos granos de sal (mejor Maldon o flor de sal) y la servimos con unas rebanadas de pan frito. ¡Increíble!

LOS PLATOS FAVORITOS DE NUESTRA FAMILIA

Estas recetas son los recuerdos de una cocina que, a cierta hora del día, nos atraía a todos como un imán, revoloteando, abriendo la nevera o la tapa de una olla, husmeando aquí y allá...

Nuestras recetas más familiares

Las de este capítulo son parte de nuestra vida familiar, los recuerdos de una cocina que a cierta hora del día nos atraía a todos como un imán; el aroma de las verduras asadas, el pollo al horno, unas patatas guisadas, la salsa de tomate, el caldo de cocido, los estofados, los gratinados... Eran y son una llamada a la mesa, a la reunión.

Estábamos hablando, revoloteando en la cocina o el comedor, hasta que alguien ponía orden y se oía...

—Vosotros, ¡poned la mesa!

—Tú, termina la ensalada.

Y así, picoteando lo que se pillaba, poco a poco, nos sentábamos a comer...

A veces no es fácil, pero vale la pena cultivar las buenas costumbres de nuestra cultura alrededor de una mesa; con ello no solo cuidamos nuestra salud física, sino que también alimentamos la mente y el espíritu.

Crema de calabaza

Las cremas de verduras son un claro ejemplo de cómo despertar pasiones con muy poco esfuerzo. Podemos sustituir una verdura por otra, mezclarlas, aprovechar un calabacín, un puerro o una zanahoria. Aunque nos apetezca poco, cuando nos ponen una crema delante y la probamos, se vuelve irresistible. Hoy nuestra protagonista será la calabaza.

INGREDIENTES

1 calabaza de 800 g aproximadamente

3 puerros

250 ml de nata líquida

1/2 cucharada mantequilla

1/2 cucharada de aceite de oliva

sal

un fondo de ave

unos piñones pelados

unas lascas de queso

unas virutas de jamón serrano

ELABORACIÓN

Una de las grandes virtudes de la calabaza es su dulzor; en este caso hemos buscado el tipo de calabaza menos dulce y de menor tamaño. En los mercados suelen venderlas en porciones y podéis comprar la mitad o un cuarto. Hay una calabaza con forma de pera o cacahuete que es perfecta para nuestra receta (la curcubita, más chata).

Tenemos dos opciones: o asamos la calabaza o la hervimos; si disponemos de un fondo de ave, cualquier opción vale. Y teniendo en cuenta que en muchos puestos de mercado, e incluso en algunos hornos, venden la calabaza asada, la receta se vuelve coser y cantar.

Pelamos la calabaza y la troceamos. Limpiamos el puerro y partimos la parte blanca en juliana (si no tenéis puerros utilizad cebollas). Comenzamos sofriendo este en una cazuela con el aceite y la mantequilla. Una vez dorado, añadimos los trozos de calabaza, les damos unas vueltas y agregamos agua o el fondo de ave; tened en cuenta que el hervor no lo vais a prolongar más de 10 minutos, hasta que la calabaza esté tierna, por lo que no necesitaréis añadir demasiado líquido, si no la crema quedaría aguada. También podéis tapar la cazuela para evitar la evaporación; la calabaza además contiene una gran cantidad de agua (si os gustan las cremas densas podéis agregar patata).

Pero volviendo a nuestra suculenta crema, en el último minuto de cocción, le agregamos un chorrito de nata, apagamos el fuego y lo pasamos todo por la minipimer, Thermomix o cualquier otro sistema de triturado. A nosotras nos gusta dejar la crema muy fina, como si fuera terciopelo; rectificamos de sazón y cuando la servimos en la mesa la decoramos con piñones, queso y jamón. Pero también queda muy rica con pipas de calabaza, ralladura de naranja, cebollino picado, crema agria o tostones de pan.

Un toque exótico

Nos gusta añadirle un pellizco de comino y un chorrito de soja. También la hemos probado en diferentes restaurantes con jengibre o citronela, y estas dos especias cambian por completo el sabor de la crema y te trasladan a otras latitudes.

Empanada de berberechos

Si preguntamos a nuestros familiares quién cocina mejor, si la tía, el primo, la abuela... todos coincidiríamos en que la mejor era nuestra tía Mirosi. Nosotras creemos que era una artista de la cocina, además de guapísima y de estar siempre sonriendo.
En su recuerdo ofrecemos una de sus recetas más clásicas de su tierra gallega.

INGREDIENTES

PARA LA MASA

1/2 kg de harina

150 ml de aceite de oliva

sal

1 huevo

PARA EL RELLENO

1 y 1/2 kg de berberechos

1 cebolla dulce mediana

1 cucharadita de pimentón dulce

aceite de oliva

ELABORACIÓN

Manos a la obra. Primero dejamos los berberechos en remojo con agua para que suelten la arena (en el caso de que todavía les quede). Luego ponemos en un cuenco grande la harina, el aceite, la sal y 150 ml de agua. Amasamos hasta formar una bola, la cubrimos con un paño y la dejamos reposar mientras vamos preparando el relleno.

Cortamos la cebolla en juliana y la pochamos en aceite. Mientras, escurrimos los berberechos, los ponemos en una sartén caliente con un chorrito de aceite y los retiramos a medida que se vayan abriendo. De esta manera quedan prácticamente crudos y al añadirlos a la cebolla junto con el pimentón, basta con que les demos un par de vueltas para que se terminen de hacer. Dividimos la masa en dos partes y con un rodillo las estiramos lo más posible. Será de gran ayuda si lo hacéis sobre papel vegetal, ya que al trasladarla a la placa del horno evitaremos que se encoja. Luego disponemos el relleno sobre una parte de la masa y la cubrimos con la otra parte. Unimos los bordes, dándoles forma de cordón.

Si ha sobrado algo de masa, la recortamos y decoramos la superficie haciendo una flor, un sol, una luna... Pintamos la empanada con huevo batido y la pinchamos varias veces con un tenedor para que salga el vapor durante la cocción. La metemos en el horno precalentado a 180°, durante 35 minutos aproximadamente, la dejamos enfriar y a comer.

Es una receta infalible y no os olvidéis de chuparos los dedos por nosotras.

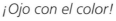

¡Ojo con el color!

Si hacia la mitad de la cocción veis la superficie demasiado dorada, cubridla con papel vegetal hasta que se acabe de hornear.

Berenjenas rellenas

El primer recuerdo de las berenjenas rellenas nos remonta a un refugio de montaña con horno de barbacoa y el olor del tomillo flotando en el ambiente. Es un plato para comer en familia, cualquier día entre semana. Os vamos a contar cómo se hacía toda la vida en casa de nuestros padres, pero... con un toque de tomillo.

INGREDIENTES

4 berenjenas medianas

400 g de carne picada

2 cebollas

30 g de tomate triturado

sal

tomillo

pimienta negra

vino tinto (un chorrito)

bechamel (como la hemos preparado en recetas anteriores)

queso rallado tipo emmental

aceite de oliva

ELABORACIÓN

Partimos las berenjenas en dos mitades a lo largo y les hacemos unos cortes en la superficie en los dos sentidos, con un cuchillo fino, pero sin llegar a tocar la piel. Las espolvoreamos con sal y tomillo, las regamos con aceite y horneamos durante 20 minutos a 180°. Antes de sacarlas del horno, comprobamos que la carne se despega con facilidad de la piel. Mientras, sofreímos la cebolla cortada en cuadraditos en una sartén y le añadimos la carne picada. Dejamos que se doren, removiendo, y agregamos entonces el tomate triturado. Salpimentamos y dejamos cocer a fuego lento unos 5 minutos.

Retiramos la pulpa de las berenjenas con cuidado de no romperles la piel, la picamos y la añadimos a la sartén del sofrito. Rociamos la mezcla con el vino tinto y espolvoreamos con tomillo. Cuando el vino se haya reducido, agregamos una cucharada de bechamel y removemos unos instantes. Comprobamos que la mezcla esté sencillamente de rechupete y vamos rellenando con ella las berenjenas. Las ponemos en una fuente de barro, que luego podamos introducir en el horno, las bañamos con bechamel y las cubrimos con queso rallado. Gratinamos y a zampar.

Una bechamel con secreto

Nos gusta añadirle una cebollita cortada muy fina porque le da más sabor. Pero si no os gustan los tropezones, podéis triturarla.

Hervido valenciano

Con esta receta debajo del brazo nos hemos independizado la gran mayoría de los jóvenes valencianos. Responde a cómo la grandeza se encuentra en lo más sencillo. Además es económica, fácil y saludable. Este plato es una ortodoxia cargada de opciones que recuerdan y huelen a hogar.

En cualquier casa de pueblo, edificio de ciudad o patio de vecinos, a la hora de cenar huele a verdura hervida con mimo y esmero; simple en su elaboración, representa lo mejor de nuestra huerta, y cuando digo nuestra, aunque no lo sea en propiedad, sí debemos valorar que quien trabaja esa tierra lo hace humildemente. Pero si no somos capaces de apreciar el valor y la calidad de lo que nos ofrecen, no podrán vivir dignamente y perderán ellos y nosotros, ya que algo tan bello y saludable, como es la naturaleza de nuestro entorno, desaparecerá.

Hoy os vamos a sugerir la receta de nuestra casa, la nuestra de toda la vida. Así que aquí va la maravillosa historia del hervido valenciano que no podemos olvidar.

INGREDIENTES

1 patata por persona de unos 100 g/unidad

judías verdes finas o planas, según gustos; en casa siempre son planas y calculamos de 5 a 6 por persona

1 cebolla tierna por persona

sal

aceite de oliva

vinagre

ELABORACIÓN

Pelamos las patatas y las cocemos en agua levemente salada (los vegetales contienen sodio, con lo cual hay que ser cautos con la sal). A los 5 minutos de cocción, añadimos la cebolleta limpia y troceada, y 5 minutos más tarde, las judías verdes, también limpias y troceadas. Retiramos del fuego en cuanto la patata esté tierna.

El agua de la cocción es riquísima en nutrientes, con lo cual al servir el hervido podéis añadirle un poquito de ese caldito... Cada persona disfruta comiéndolo de manera diferente. A nosotras nos gusta «pisar» la patata con el agüita del hervido y luego le añadimos aceite y un hilito de vinagre.

Esta cena que nos acompañó tantos días como primer plato cuando éramos niños, entre semana se remataba con una pieza de embutido… eso sí, a gusto del consumidor: longaniza, morcilla o chorizo y ¡a dormir que son dos días!

Aprovechad el caldo

Si hacéis un hervido grande y sobra mucho caldo, usadlo para hacer una sopa, ¡está buenísimo! También podéis añadirle unas zanahorias y unas alcachofas.

Coliflor con bechamel

En nuestra opinión, gratinar verduras es la forma más fácil y apetecible de introducirlas en la alimentación. Hoy hemos elegido la coliflor porque, además de ser económica y fácil de cocinar, posee un montón de propiedades: anticancerígenas, antioxidantes y depuradoras del organismo.
Cuando escojáis una coliflor, comprobad que su color sea blanco, sin manchas y su textura dura y prieta. En estos detalles se aprecia su frescura, que es muy importante para que mantenga las propiedades alimenticias.
Una vez elegida la coliflor, nos vamos a casa a preparar la comida.

INGREDIENTES

1 coliflor (el tamaño dependerá del número de personas)

queso para gratinar, por ejemplo gruyère

sobrasada (opcional)

sal

PARA LA BECHAMEL

500 ml de leche

50 g de mantequilla

25 ml de aceite de oliva

50 g de harina

sal

pimienta negra molida

nuez moscada (optativo)

ELABORACIÓN

Separamos bien los ramitos de la coliflor y los lavamos con agua fría. Los dejamos un par de minutos sumergidos en agua para eliminar posibles bichitos.

Hervimos agua ligeramente salada en una cazuela. Introducimos la col escurrida y la dejamos cocer durante 5 minutos aproximadamente; las cocciones cortas impiden que los alimentos pierdan en el agua la mayor parte de sus propiedades. Con la coliflor, además conseguimos que su desagradable olor se atenúe.

Para la bechamel: fundimos la mantequilla y el aceite en una cazuela o sartén honda, añadimos la harina y removemos ligeramente. Cuando comienza a dorarse, agregamos la leche poco a poco y dejamos que cueza a fuego lento, sin dejar de remover. Salpimentamos y aromatizamos con nuez moscada, si es de tu agrado. Proseguimos la cocción unos 10 minutos, removiendo, hasta que espese. Si la encontráis demasiado líquida, mantenedla en el fuego unos minutos más, y si por el contrario la encontráis demasiado espesa, añadidle un poco de leche. Por último ajustamos el punto de sal y listos para terminar el plato.

Precalentamos el horno a 180°. En una bandeja refractaria disponemos la coliflor y la bañamos con la bechamel. Espolvoreamos con el queso rallado y, como a nosotras nos gusta mucho la sobrasada, la decoramos con unos trozos; ya se encargará el calor de deshacerla. Introducimos la bandeja en el horno y cuando se gratine la superficie… ¡¡A comer!!

Y también...

Podéis hacerla con un refrito de ajo y pimentón en lugar de bechamel. Está igual de rica y se hace en menos tiempo.

Canelones de berenjena rellenos de ventresca

Este delicioso bocado, que aparentemente parece muy simple, puede ser un entrante o una sofisticada tapa que conlleva diferentes pasos en su elaboración.
Pero lo que sí seguro digo es que el éxito está asegurado.

INGREDIENTES

2 berenjenas

150 g de ventresca de atún fresca

rúcula (2 o 3 hojas por canelón)

aceite de oliva

mozzarella para decorar (opcional)

sal

PARA EL PISTO

1 cebolla

1 pimiento rojo

1 calabacín

2 o 3 tomates de pera

sal

pimienta

PARA EL PESTO

queso parmesano

piñones

aceite de oliva

unas hojas de albahaca

ELABORACIÓN

Cortamos las berenjenas en láminas a lo largo, lo más finas que podamos, y desechamos los extremos; un cortafiambres sería lo ideal para que estén igualadas, si no necesitaréis un buen cuchillo.

Doramos las láminas de berenjena en una sartén antiadherente o en una plancha. Nosotras nos ayudamos de un papel de cocina untado en aceite para ir mojándolas sin empaparlas y así no quedan ni secas ni crujientes. Es una operación delicada, que simplemente requiere atención constante.

Luego, elaboramos un pisto. Para hacerlo, cortamos todas las verduras en mirepoix lo más finas posible. Sofreímos toda la verdura, menos el tomate, con un poco de aceite unos 10 minutos. Le añadimos entonces el tomate y lo dejamos cocer unos 5 minutos más. Salpimentamos y reservamos en un escurridor para que suelten el aceite.

En otra sartén muy caliente, marcamos los trozos de ventresca, los sazonamos, regamos con un chorrito de aceite y retiramos. El atún debe quedar rosado por dentro, pues si se cocina al punto, resulta muy seco.

Trituramos la albahaca, el parmesano, los piñones y el aceite de oliva para hacer el pesto y reservamos.

Ahora vamos a montar nuestros rollitos: extendemos las láminas de berenjena y repartimos en ellas dos hojas de rúcula, una cucharada de pisto, un trocito de ventresca, y enrollamos. Podéis utilizar una o dos láminas de berenjena por rollito.

Cuando tengamos todos los canelones montados, los disponemos en una fuente, agregamos unas bolitas de mozzarella y rociamos con el pesto y con un hilo de aceite de oliva.

¿No se os hace la boca agua?

Os gustará...

En lugar de servirlos con la mozzarella, podéis acompañarlos con una salsa de queso ligera.
¿Qué os parece?

Quiche de espárragos

Este plato tan sencillo nos lo enseñó nuestra madre siendo aún adolescentes. Hoy sigue pareciéndonos delicioso y fundamental conocer su elaboración. Puede resolver una cena informal, una merienda o un pícnic. Los ingredientes los podrás variar a tu gusto pues la base de este pastel siempre es la misma.

INGREDIENTES

PARA LA MASA

225 g de harina

125 g de mantequilla

1 huevo

PARA EL RELLENO

2 manojos de espárragos cortados finamente (siempre se desecha la parte más dura)

300 ml de nata

6 huevos

150 g de queso gorgonzola (o cualquier otro queso fundible)

pimienta rosa al gusto

sal

ELABORACIÓN

Ponemos la harina en un bol y añadimos la mantequilla a temperatura ambiente. Agregamos dos cucharadas de agua y el huevo, y trabajamos la masa con las manos. Cuando esté todo integrado, formamos una bola y la reservamos media hora más o menos. Mientras, vamos preparando el relleno: salteamos los espárragos, limpios y troceados, con mantequilla en una sartén. Los retiramos y mezclamos con la nata, los huevos batidos, unos granos de pimienta rosa y el queso, y ajustamos de sal.

Estiramos la masa con un rodillo sobre una superficie enharinada, hasta dejarla de 1/2 cm de grosor más o menos. Forramos con ella un molde redondo, previamente untado con mantequilla. Pinchamos el fondo con un tenedor, cubrimos con papel vegetal, ponemos unos garbanzos secos encima y horneamos unos 15 minutos a 180°. La retiramos, quitamos los garbanzos y vertemos la mezcla sobre la masa. Volvemos a introducir en el horno unos 20 minutos más, también a 180°. Comprobamos con un palito que la mezcla esté cuajada y en unos minutos, horas o días podréis disfrutar hasta cansaros.

¡Tomad nota!

Hacedla también con beicon, champiñones, gambas, salmón fresco o ahumado...

Arroz meloso con conejo y aceitunas negras

Los arroces melosos tienen cuatro o cinco principios básicos para su elaboración, y a partir de conocerlos, los ingredientes serán los que queráis en ese momento. El líquido tiene que ser tres veces el volumen de arroz; el fuego, uniforme para que la ebullición sea homogénea; el sofrito preparado a fuego lento y las carnes bien doradas, pero sin cocerlas del todo. El tiempo de cocción varía según la variedad de arroz, pero es aproximadamente de 17 minutos, y debemos dejarlo reposar unos 3 minutos antes de servir. Y ahora vamos con esta austera y deliciosa receta que se nos ocurrió con un conejo y poco más.

INGREDIENTES

600 g de arroz bomba

1 conejo troceado

1 tomate

2 dientes de ajo

aceitunas negras

2 o 3 alcachofas

aceite de oliva

1 cucharadita de pimentón dulce

sal

romero

ELABORACIÓN

Sazonamos el conejo y lo sofreímos despacio en una cazuela de fondo grueso, con un poco de aceite. Agregamos el tomate cortado muy fino y los ajitos laminados, y dejamos cocer unos 35 minutos; entonces le añadimos agua (medid 4 partes de líquido por 1 de arroz) y el pimentón. Incorporamos el arroz y bajamos el fuego. Cuando comience el hervor, ajustamos de sal y esperamos unos 15 minutos para agregarle las aceitunas negras deshuesadas, las alcachofas limpias y las ramitas de romero. Dejamos un par de minutos, comprobamos el punto del arroz y apagamos el fuego. Si el corazón del grano estuviera un poco duro, tapamos la cazuela 3 minutos más y... ¡listos para disfrutar!

¿Y con pollo o cerdo?

Podéis añadirle unos trocitos de pollo o de lomo de cerdo y el resultado será también igual de delicioso. ¡Probadlo!

Pollo trufado

Si hay un plato que nos trae buenos recuerdos es el pollo trufado. Cuando éramos niñas, abríamos la nevera y veíamos «ese no se sabe qué» vendado y con un peso encima, se presentía fiesta, vacaciones, visitas...
No es un plato para hacer todos los días, pero sí alguna vez en la vida, a cambio aprenderéis mucho de cocina. Cuando recogíamos información para esta receta, toda la familia coincidió en que el trufado de la tía Mirosi era el mejor, y esa receta es la que os ofrecemos.

INGREDIENTES

1 pollo de 2 kg deshuesado (si es de campo, muchísimo mejor)

500 g de caña de lomo

150 g de jamón serrano

2 pechugas deshuesadas

miga de pan

3 huevos

trufa (la cantidad va unida al presupuesto)

1 copa de vino de Jerez

nata líquida

sal, pimienta negra, nuez moscada

También necesitaremos vendas, aguja e hilo

PARA EL CALDO

puerro

zanahoria

apio

los huesos del pollo

sal

ELABORACIÓN

Nosotras le pedimos al pollero que deshuese el pollo y le quite la piel, pero intentando que la deja entera y nos la dé.

Empezamos haciendo el caldo, cociendo los huesos del pollo y la verdura con agua y una pizca de sal durante 1 hora en una olla grande.

Por otro lado, cortamos en tiras el lomo de cerdo y las pechugas. Remojamos un poco de miga de pan en nata, la escurrimos y la mezclamos con los huevos, el jerez, la trufa picada, sal, pimienta y nuez moscada al gusto. Esto es lo que llamamos farsa, es decir, el relleno.

Extendemos la piel del pollo y si tiene algún agujero lo cosemos. Extendemos encima el pollo y lo rellenamos alternando la farsa con la tiras de pechuga y jamón. Doblamos la carne y la piel sobre el relleno y cosemos la piel. Luego, envolvemos el pollo con una venda, apretándolo ligeramente.

Cuando esté hecho el caldo, lo colamos y sumergimos en él el pollo. Lo dejamos cocer durante 1 1/2 hora, y comprobamos si está hecho. Para ello, lo pinchamos con una aguja y si al sacarla no sale sangre, estará en su punto. Lo escurrimos y dejamos enfriar con un peso encima. Retiramos la venda, lo cortamos en lonchas y ya está.

Si os ha sobrado algo de la farsa, a nosotras nos gusta hacer unas bolitas y las cocemos en el caldo como si fueran pelotas de cocido.

Este plato lo servimos frío y puede ser el más elegante o el más sencillo en un pícnic campestre.

Un toque dulce

El acompañamiento ideal de este plato es el huevo hilado y la gelatina de naranja y de vino. Probadlo y veréis.

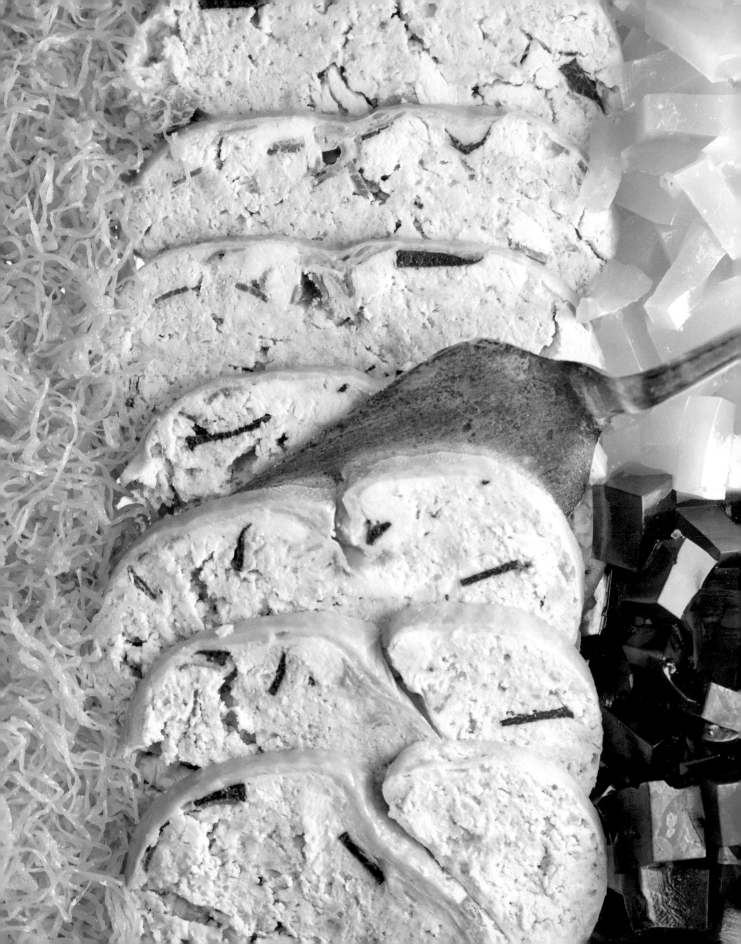

salmón en salsa de naranja

En ocasiones, crear una receta es mucho más sencillo de lo que imaginamos. De repente abrimos la nevera o el congelador y nos acordamos del salmón que compramos anteayer, lo miramos con desánimo, hasta que, de pronto, aparece una idea y vemos cómo la triste rodaja de pescado se puede convertir en un manjar.

INGREDIENTES

4 rodajas de salmón

1 cucharada de miel

4 cucharadas de salsa de soja

300 ml de zumo de naranja

aceite de oliva

ELABORACIÓN

Calentamos la soja y la miel en un cacito y lo retiramos enseguida. Lavamos el salmón y lo maceramos durante una hora en esta mezcla. Lo escurrimos y marcamos los filetes por ambas caras con unas gotas de aceite; se dorarán muy rápidamente porque la salsa de soja y miel hará que tomen color muy pronto. ¡Ojo!, no hagáis los cuatro filetes al tiempo porque necesitaríais una sartén demasiado grande y no os serviría para reducir el zumo de naranja, con lo cual aún estarán crudos por dentro al retirarlos del fuego.

Después, ponemos a reducir (concentrar una sustancia líquida a base de evaporación por medio del fuego) el zumo de naranja, removiendo; primero parece que se corte, pero luego, en cuanto empieza a espesar, incorporamos los filetes de salmón y los doramos un minuto por cada lado. Y en un tiempo récord tenemos esta fácil, sana y original receta. Como guarnición, bien vale un arroz basmati, unas patatas hervidas con salsa de yogur o cualquier verdura verde que contentará al comensal más exigente.

Otros pescados

Esta receta quedará muy rica si la hacéis con mero, merluza o lenguado, en lugar de salmón.

Budín de cabracho

Se aprende mucho de los errores, y el pastel de cabracho, según tenemos entendido, fue el intento fallido de nuestro gran cocinero Juan Mari Arzak al elaborar una salsa con este pescado. Como el resultado no le convenció, le agregó unos huevos y cuatro cosillas más, y así surgió su famoso pastel. También en Asturias es un platillo muy popular; los asturianos llaman al cabracho «tiñosu», por la cantidad de espinas que tiene. Y aquí os avisamos que lo más importante en esta receta es controlar que no quede ni una espinita, pues vuestros comensales lo pagarían muy caro.

INGREDIENTES

1 y 1/2 kg de cabracho

2 puerros

1 zanahoria

6 huevos (si son pequeños ocho)

250 ml de nata

un chorrito de vino de Jerez oloroso (opcional)

75 g de salsa de tomate

vino blanco

mantequilla

sal

pimienta

mayonesa

PARA LA VINAGRETA DE NARANJA

2 cucharadas de mostaza de Dijon

zumo de naranja

salsa de soja

cebollino fresco

aceite de oliva

ELABORACIÓN

Limpiamos el cabracho, lo lavamos y lo cocemos unos 10 minutos en agua salada junto con los puerros, la zanahoria, unas bolas de pimienta negra y un chorrito de vino blanco. Cuando tengamos que desespumar la superficie, apagamos el fuego y lo dejamos enfriar dentro. Luego escurrimos el pescado, separamos la carne de las espinas y la picamos muy fina.

En un cuenco batimos los huevos y le añadimos la salsa de tomate, la nata, el jerez, sal, pimienta y, por último, el pescado. Mezclamos todos los ingredientes, comprobamos el punto de sal y lo introducimos en un molde rectangular, previamente untado con mantequilla. Lo horneamos al baño maría durante 45 minutos a 180º. Pasado este tiempo, comprobamos la cocción introduciéndole un palito. Si sale limpio estará en su punto; si no fuera así y la superficie estuviera demasiado dorada, lo tapamos con papel vegetal y mantenemos en el horno hasta que el palito salga seco. Dejamos enfriar antes de desmoldar.

Lo servimos con mayonesa y con una vinagreta de naranja que os vamos a explicar. En un cuenco ponemos la mostaza y, poco a poco, vamos añadiendo aceite hasta ligarla, sin dejar de remover. Luego agregamos salsa de soja y zumo de naranja, al gusto, y finalmente el cebollino picado. Mezclamos, y a disfrutar de esta maravilla.

Un truco

Si os gusta la vinagreta más densa, reducid primero el zumo de naranja y dejadlo enfriar antes de incorporarlo a la vinagreta.

Coquelette

Esta receta llegó a nuestra familia a través de una amiga de origen mallorquín que nos contaba cómo en su infancia pasaba los veranos rodeada de gallinas y cerdos, y cómo tenían que engañarla para explicarle de dónde venía la sobrasada o esos deliciosos pollos rellenos que tanto le gustaban. No queremos profundizar en el trauma que le supuso comprender dónde terminaban sus amiguitos estivales. Nosotras hemos sustituido el maravilloso pollo campero de 2 kilos por unos pollitos de 500 g aproximadamente, coquelette o pollo tomatero. Son rápidos de hornear, y calculamos que la mitad de estos pollitos es la ración ideal por persona.

INGREDIENTES

3 pollos coquelette

unas patatas de las pequeñas

3 huevos

4 láminas de beicon

100 g de sobrasada mallorquina

4 galletas tipo maría

anís en grano

mejorana

1 limón

aceite de oliva

mantequilla

sal

pimienta

ELABORACIÓN

Mezclamos los huevos, el beicon picado, la sobrasada, las galletas, el anís y la mejorana hasta conseguir un paté. Limpiamos los pollitos, vaciamos un poco el interior y los rellenamos con esta preparación. Los salpimentamos y atamos con hilo de cocina. Luego, los ponemos en una fuente de horno (la fuente debe tener un tamaño adecuado, si es demasiado grande se evaporan los jugos y a la inversa, se cocerán en su jugo), los untamos con aceite y mantequilla, y regamos con el zumo del limón. Podéis añadir a la fuente las patatas lavadas y partidas por la mitad para que se hagan a la vez que el pollo. Y ahora, al horno durante 25 o 30 minutos a 190º.

Aún siendo este el tiempo aconsejado, debéis comprobar que estén cocidos. Para ello, separamos el contramuslo y comprobamos que no esté sanguinolento.

Dejamos atemperar fuera del horno y los servimos enteros o partidos por la mitad a lo largo con las patatas. ¡Celebrad la ocasión con un buen cava!

Para variar

También podéis acompañar estos pollitos con una ensalada verde o con un puré de patata.

Bizcocho de zanahoria

Esta receta se la deberían enseñar a los niños en el colegio; habilitar un horno entre pantalla y pantalla, y aunque solo fuera una hora por semana, darles unas lecciones prácticas de cocina. Se necesita muy poco y a cambio ganaríamos tanto...
Pero volvamos a nuestra tarta y disfrutemos como niños.

INGREDIENTES

325 ml de aceite de girasol

5 huevos pequeños

350 g de azúcar

harina

mantequilla

1 cucharadita de *allspices* (mezcla de especias en la que predominan la canela, el clavo, la nuez moscada, la pimienta de Jamaica y el jengibre)

2 cucharaditas de levadura

1 pizca de bicarbonato

3 tazas de zanahoria rallada (la calidad de la zanahoria es fundamental en esta receta)

PARA LA CREMA

225 g de queso tipo Philadelphia

225 g de mantequilla

250 g de azúcar glas

ELABORACIÓN

Precalentamos el horno a 180°. Mientras, batimos los huevos con el azúcar y el aceite hasta obtener una preparación ligera y clara. Mezclamos 250 g de harina tamizada con la levadura, el bicarbonato y *allspices*. Por último, incorporamos la zanahoria y amasamos.

Untamos un molde con mantequilla y lo espolvoreamos con harina. Vertemos la mezcla en él y horneamos al menos durante 30 minutos; entonces comprobamos con un palillo; si sale limpio estará en su punto; si no, proseguimos la cocción unos minutos más.

Paralelamente, batimos el queso con la mantequilla y el azúcar hasta obtener una crema. Cuando la tarta esté horneada, o la cortamos por la mitad y la rellenamos con la crema, o simplemente cubrimos la parte superior con unos rosetones.

Luego, observamos nuestra obra de arte durante un rato. Cuando la probéis, podéis desmayaros.

Un rico extra

Si añadís unas nueces a la masa, le daréis un toque realmente especial y delicioso.

Bavaroise

Nosotras siempre decimos que una Navidad sin bavaroise es como si no fuera Navidad. El nacimiento de Jesús y este dulce de nuestra madre son los dos únicos hechos invariables de la Nochebuena. Ella opina que el postre de esa cena debe ser muy ligero y nosotras disfrutamos ese momento en que nos hace desmoldar la gelatina y nunca sabemos qué va a pasar.
Una vez, al marido de Zulema se le cayó al suelo delante de ella y nos quedamos petrificadas sin saber si reír o llorar; menos mal que él siempre se ríe.
El misterio de la bavaroise dejaría de tenerlo si nuestra madre siguiera la receta al pie de la letra. Como es una interpretación muy suya, decidió eliminar los lácteos.
Hemos tardado en adivinar el resto, pero os aseguramos que esta es su auténtica y genuina receta de la bavaroise.

INGREDIENTES

6 naranjas (1/2 l de zumo)

2 limones (100 ml de zumo)

4 huevos

4 hojas de cola de pescado (8 g de gelatina en polvo)

250 g de azúcar glas

aceite de oliva suave

nata montada

ELABORACIÓN

Exprimimos las naranjas y los limones, y colamos sus zumos; reservamos 200 ml de la mezcla. Cascamos los huevos y separamos las claras de las yemas. Batimos estas con el azúcar hasta que consigamos una mezcla blanquecina y la agregamos al zumo. Dejamos en remojo las hojas de cola de pescado con agua fría, unos 10 o 12 minutos. Calentamos el zumo reservado, añadimos la gelatina escurrida y cocemos hasta que se disuelva. Retiramos y mezclamos con la preparación de yemas.

Montamos las claras a punto de nieve y las incorporamos también, con movimientos envolventes. Untamos un molde de corona (si tenéis) con aceite, vertemos la mezcla en él y dejamos enfriar en la nevera. Desmoldamos la bavaroise y la servimos con un rosetón de nata montada en el centro.

Esta receta es genial para días de fiesta o para festejar cualquier día.

La tradicional

Es un postre clásico francés, delicioso y sencillo, que se hace con crema inglesa, nata montada y gelatina.

Panacotta especial con fruta

Es un postre típico italiano elaborado con nata, azúcar y gelatina. Pero este maridaje perfecto entre la macedonia y la panacotta surgió en nuestra familia porque nuestro padre se negaba a comer la macedonia sin nata y nuestra madre a colocar un floripondio de nata en mitad de la macedonia.

Así fue como comenzó felizmente la unión de ambos postres en nuestra casa.

No podemos detallar los ingredientes de la macedonia, para casi todos representa la fruta de verano, aunque también el aprovechamiento de lo que va quedando olvidado en el frutero. En cuanto a la variedad, no tenemos preferencias; nos gusta alternar los cuadraditos de fruta con alguna bola de melón o sandía que se hace con una cucharita vaciadora (un utensilio muy común en cualquier cocina). La diversidad de colores y formas la hacen aún más apetecible.

Lo que sí os recomendamos es que la aliñéis con zumo de naranja, pues su vitamina C protegerá al resto de la fruta de la oxidación.

Vamos con la panacotta.

INGREDIENTES

500 ml de nata

500 ml de leche

gelatina en láminas (en el envase siempre se indica el número de hojas por litro)

50 g de azúcar glas

ELABORACIÓN

Dejamos las hojas de gelatina en remojo con agua fría y mientras calentamos en un cazo la leche con la nata y el azúcar glas. Cuando empieza a hervir, apagamos el fuego y añadimos la gelatina bien escurrida. Removemos con varillas manuales hasta que la gelatina esté totalmente integrada. Colamos la mezcla, la repartimos en flaneritas y la dejamos enfriar en la nevera durante tres horas, aproximadamente. La desmoldamos, la ponemos en platos y decoramos con la macedonia de fruta.

Es un postre muy sano y apto para los más golosos.

Y ¿por qué no?

Acompañadlo con algunas salsas como un coulis de fresa o una confitura de melocotón, o con las dos.

LA COCINA INTERNACIONAL EN CASA DE ANA

Con la comida compartes, aprendes y ríes. Los sabores te hacen viajar hasta donde tus amigos te quieran llevar. Ihsan es Marruecos, México es Roberto y Mihoko es Japón.

¡Qué bien lo pasamos cocinando con Roberto!

Una comida maravillosa con la familia de Ihsan

Brindando por los platos de Mihoko

Marruecos entró en nuestras vidas hace mucho tiempo

Bouchra llegó a mi vida siendo muy jovencita. Cuidaba de mi hijo Miguel, que ahora tiene veinte años, y nuestra relación fue muy cercana desde el principio.

A mi hijo le encantaba llegar a casa de Bouchra y jugar con sus hermanas —Loubna, Ihsan y Rajae— mientras Rachida, su madre, les preparaba delicias en la cocina.

La cocina de Rachida siempre desprende aromas dulces y salados; es un auténtico placer para quien cruce la puerta.

Con el tiempo fui conociendo a toda la familia; me gustaba ver cómo Rachida, en lugar de hablar, cocinaba. Era su manera de mostrar cercanía y cariño. Cuscús, pollo con aceitunas, pescado al horno, bandejas de frutas... Tiene arte en todo lo que prepara.

Años más tarde, cuando Bouchra se casó, fuimos toda la familia a su boda. Las bodas marroquíes son sinónimo de comida. La aldea se llenó de mujeres cocinando en unas ollas gigantes durante varios días. Era un espectáculo de aromas y júbilo.

Ahora es Ihsan la que me ayuda en casa, y su bondad y alegría me acompaña cada día. También tiene mucho arte para cocinar y a mis hijos les encanta que les prepare la merienda.

Mi relación con la familia El Yamlahi Aouad es de amistad y, desde luego, la comida nos ha unido muchísimo.

Cada vez que Rachida vuelve de Marruecos, viene cargada de especias, harissa, smen... y organizamos una gran cena en casa. Y aunque todos ayudamos, ella es la que controla hasta el último detalle.

Mi relación con la cocina marroquí es muy estrecha. Me gusta mucho el país, su gente y su cultura, no solo su gastronomía.

El mundo de los mercados, los olores o las fiestas populares me encanta, porque la comida es el centro de todo. Marruecos es un pueblo muy generoso que te abre su casa y su nevera, y, por supuesto, siempre con un té en la mano.

Sopa harira

INGREDIENTES

4 tomates grandes

1 zanahoria

2 cebollas

3 ramas de apio

1 platito de perejil picado

1 taza de garbanzos (previamente remojados y pelados)

1 taza de tomate triturado

1 lata pequeña de tomate concentrado

1 plato de carne de ternera cortada en dados

1 hueso de ternera sin grasa

1/2 vaso de aceite de oliva

1 cucharada de smen (mantequilla clarificada elaborada con leche de cordero, a la venta en tiendas de alimentación marroquí)

1/2 cucharadita de jengibre

1/2 cucharadita de colorante

1/2 cucharadita de pimienta

1/2 cucharadita de canela

sal

4 cucharadas de maicena

1 platito de fideos finos

ELABORACIÓN

Pelamos la verdura y la trituramos con el perejil. La pasamos a una olla exprés y le añadimos las especias, la sal, los garbanzos, la carne, el hueso, los dos tipos de tomate, el smen y el aceite. Cubrimos con agua, cerramos la olla y dejamos cocer unos 30 o 35 minutos.

La abrimos y volvemos a completar con agua. Llevamos a ebullición y agregamos los fideos. Proseguimos la cocción unos 5 minutos y retiramos el hueso.

Mientras, mezclamos la maicena con un vaso de agua, y removemos hasta conseguir una textura parecida a la bechamel. Añadimos esta preparación a la olla, sin dejar de remover para que no se formen grumos, y dejamos cocer unos 15 o 20 minutos más. Retiramos del fuego y ¡listo!

Minipasteles de pescado

INGREDIENTES

1 kg de filetes de merluza

1 kg de gambas

1 kg de calamar

250 g de gulas

250 g de fideos chinos

sal

1 cucharadita de pimentón dulce y otra de picante

pimienta negra

1 ramita de cilantro

1 ramita de perejil

3 dientes de ajo picados

2 láminas de pasta brick

1 pizca de cominos

aceite de oliva

ELABORACIÓN

Pelamos las gambas y limpiamos los calamares. Cortamos estos y sofreímos ambos unos 15 minutos con perejil y cilantro picados, los ajos, sal, pimienta, los cominos, los dos tipos de pimentón y un chorro de aceite. Agregamos la merluza lavada, limpia y desmenuzada, y dejamos cocer unos 3 o 4 minutos.

Mientras, cocemos los fideos en agua 5 minutos y los escurrimos bien. Los añadimos a la sartén del pescado con las gulas, removemos y ajustamos de sal.

Cuando el pescado esté en su punto, retiramos y dejamos enfriar. Cortamos las láminas de brick en rectángulos, repartimos en ellas la mezcla de pescado y los enrollamos, cerrando bien los extremos. Los horneamos 20 o 25 minutos a 180° y los servimos.

Cuscús con pollo, garbanzos y pasas

INGREDIENTES

750 g de cuscús

2 kg de pollo

1/2 bolsita de pasas

5 cebollas grandes

4 zanahorias

1/2 cucharadita de pimienta negra

canela

colorante

sal

4 cucharadas de azúcar

1 taza de garbanzos remojados y pelados

aceite de oliva virgen

ELABORACIÓN

Preparamos la receta del pollo con sus especias pero sin limón (mirar página 42), y lo reservamos con un poco de caldo.

Cocemos los garbanzos y las zanahorias, peladas y troceadas, unos 20 minutos en el resto del caldo en la olla exprés.

Ponemos las pasas en remojo. Pelamos las cebollas, las troceamos y las mezclamos con la pimienta negra, un poco de colorante, una pizca de sal y otra de canela, y un chorro de aceite de oliva. Lo dejamos cocer a fuego lento para que se haga despacio. Pasados unos minutos, añadimos el azúcar y las pasas escurridas, y proseguimos la cocción, removiendo, hasta que la cebolla esté blandita.

Luego, ponemos el cuscús en una cazuela, lo cubrimos con agua y lo dejamos reposar de 30 a 45 minutos. Lo escurrimos, pero si queda un poco de agua no pasa nada, el cuscús la absorberá. Le añadimos un chorro de aceite y mezclamos con las manos.

Llenamos una olla con agua hasta la mitad y la ponemos al fuego. Colocamos encima el cestillo de cocción al vapor, disponemos en él el cuscús y lo dejamos cocer 15 minutos sin tapar.

Retiramos el cuscús y lo reservamos en un cuenco grande. Añadimos 1/2 vaso de agua salada, y lo removemos un poco. Volvemos a ponerlo en el cestillo de vapor y lo cocemos de nuevo 15 minutos más.

Lo servimos con el pollo, los garbanzos y las zanahorias. Añadimos las pasas y la cebolla mezcladas con un poco del caldo y ¡a comer!

La hora del té

INGREDIENTES

1 manojo de hojas de hierbabuena
(o de menta)

1 cucharada de té verde

4 cucharadas de azúcar

4 vasos de agua

ELABORACIÓN

Primero caramelizamos el azúcar en una olla (este es uno de los secretos mejor guardados del té árabe, por eso queda así de rico). Luego añadimos las hojas de hierbabuena y después los vasos de agua hirviendo. Llevamos todo a ebullición y apartamos del fuego.

Incorporamos una cucharada de té verde y dejamos reposar durante 3 minutos. Es muy importante que el agua ya no hierva, ya que si no el té verde se oxida y coge un sabor amargo. Lo colamos y servimos.

Este también es un momento importante que merece la pena explicar. Vertemos el té en el vaso desde una altura considerable y lo echamos de nuevo en la tetera. Repetimos esta operación varias veces hasta que forme espuma. Ahora sí, llegó el momento de saborearlo acompañado de unos deliciosos pastelitos hechos con dátiles, pistachos, miel, canela, hojaldre o con unas frutas secas.

¡Cómo nos gustan los sabores de México!

Roberto Ruiz, chef y propietario del conocido restaurante mexicano Punto MX en Madrid, es mi auténtico gurú de la comida mexicana. Entrar en su restaurante es como saborear este país a muchos kilómetros. Sus platos hablan de muchas cosas, de tradiciones, de sabores que llevamos muy dentro, de lugares... de mezclas increíbles que nos ofrece el país en su grandeza.

En un bocado puedes paladear la gastronomía y la historia de México. A través de los sabores de su carta puedes ubicarte en la sierra, en la costa, en el interior o en el mismo Chihuahua.

La flor de calabaza, las setas, la hoja santa, los nopales o el huitlacoche (el hongo del maíz), todo habla del arraigo a la tierra que tienen allí.

Roberto elabora alta cocina mexicana huyendo del minimalismo y acercándose a la exuberancia que ofrece su tierra multicolor.

Fue una suerte encontrarlo en Madrid y que me permitiera seguir saboreando platos que conocí durante las muchas visitas que hice al país cuando mi hermano vivió allí, y recordar la alegría de nuestros reencuentros. Mi hermano es un enamorado de México, de su gente y su comida. Cuando iba a visitarle, me despertaba pronto para que fuéramos a desayunar a los mercados tacos y hasta tequila.

Con él empezó mi afición por la cocina mexicana. Cuando viajaba a Estados Unidos, me alimentaba de tex-mex, una comida popular que me encanta, porque mi paladar está abierto a nuevas experiencias. Siempre me han gustado las especias, comer con las manos y el picante.

Y no me puedo olvidar de mi amiga Teresa, una mexicana que vive en Madrid y que me enseñó a querer aún más a su país. Nuestra amistad fue casi un flechazo, pero recuerdo un punto en el que ya no hubo vuelta atrás. Fue una tarde, hace ya muchos años, cuando apareció en mi casa y cocinó unos chilaquiles para toda la familia. Al marcharse, mis hijos le rogaron que volviera todos los días. Teresa nos contagia el amor por su tierra cuando nos habla de tradiciones, de gastronomía... La tita Tere, como la llama mi hija María, es imprescindible sobre todo cuando el plan es ver películas de amor, pues no hay nada mejor que hacerlo con unas quesadillas.

4 personas | 25 minutos | dificultad fácil

Guacamole

INGREDIENTES

4 aguacates

1 cebolla blanca mediana

2 chiles serranos

20 g de cilantro

1 lima

10 g de sal

ELABORACIÓN

Cortamos la cebolla, el chile serrano y el cilantro en dados no muy pequeños. Majamos todo ligeramente y añadimos la pulpa del aguacate. Aliñamos con el zumo de la lima, la sal y seguimos majando hasta incorporar todos los ingredientes y obtener una crema homogénea.

Servimos con totopos (tortitas crujientes).

Chilaquiles verdes

INGREDIENTES

30 tortillas de maíz

aceite de girasol (cantidad suficiente para freír)

250 g de crema agria

200 g de queso fresco

1 cebolla morada

1 chile serrano

10 hojas de cilantro

PARA LA SALSA

300 g de tomatillo verde

2 chiles serranos

1 cebolla pequeña

1 diente de ajo

40 g de cilantro

15 g de sal

ELABORACIÓN

Para la salsa:

Cocemos en un poco de agua el tomatillo verde, la cebolla, el ajo y el chile serrano. Añadimos el cilantro y la sal, y trituramos. Mantenemos caliente.

Para los totopos:

Cortamos las tortillas en cuartos y las freímos en abundante aceite hasta que tomen un color dorado. Retiramos y dejamos escurrir el exceso de aceite en papel de cocina.

Para los chilaquiles:

Bañamos los totopos con la salsa verde y terminamos con la crema, el queso fresco desmigado, la cebolla morada en juliana, el chile serrano cortado en rodajas y las hojas de cilantro.

Taco de lomo de ternera

INGREDIENTES

300 g de lomo de ternera limpio cortado en daditos

aceite de girasol

sal

pimienta

tortillas de maíz

aguacate

cebolla

cilantro

1 o 2 limas

PARA LA SALSA

1 chile habanero

2 tomates

1/2 cebolla mediana

10 g de sal

50 ml de aceite de girasol

cilantro

PARA LOS CHILES TOREADOS

2 cebollas grandes

4 chiles jalapeños o serranos

5 g de sal

50 ml de aceite de girasol

ELABORACIÓN

Para la salsa:

Salteamos la cebolla, el tomate, el chile habanero y el cilantro en el aceite. Sazonamos y trituramos.

Para los chiles toreados:

Cortamos en juliana la cebolla y los chiles. Los sofreímos con el aceite en una sartén hasta que cojan un poco de color y sazonamos.

Para el taco:

Marcamos los dados de ternera en un poco de aceite, salpimentamos y reservamos.

Calentamos las tortillas de maíz y ponemos en cada una un poco de los chiles toreados, un gajo de aguacate y un poco de la carne. Terminamos con salsa, cebolla y cilantro, y acompañamos con gajos de lima.

Ceviche rojo de langostinos

INGREDIENTES

600 g de langostinos pelados y limpios

el zumo de 2 limas

50 g de chile guajillo

20 g de cilantro picado

1/2 cebolla pequeña

10 g de sal

1 aguacate

1/2 cebolla morada

10 hojas de cilantro

ELABORACIÓN

Partimos los langostinos por la mitad a lo largo. Hidratamos los chiles en agua caliente durante 10 minutos y los trituramos con el zumo de las limas, la cebolla, el cilantro picado y la sal.

Marinamos los langostinos en la salsa y los servimos sobre gajos de aguacate. Decoramos con tiras o rebanadas de cebolla morada y hojas de cilantro. Acompañamos con totopos o tostadas.

... y llegó un ángel de Japón

Mihoko llegó a mi familia igual que un ángel, llena de amor y de bondad. Daba clases de piano a mi hijo Miguelito. Al principio íbamos a su casa y él, que llegaba agotado del cole, se quedaba dormido sobre el piano. Ella le traía siempre la merienda y mi hijo asociaba la clase a esa tostada con mermelada y té.

Finalmente compré un piano y empezó a darle clases en casa, y siempre llegaba con un presente: algo de comer que estaba delicioso. Para entonces, Mihoko ya era alguien muy importante en mi vida.

Es una persona muy exquisita en todo: en la música, la comida y también en su forma de relacionarse. Los japoneses tienen una cultura maravillosa en este sentido, muy especial y delicada. Recuerdo cuando nació mi hija María que me trajo comida especial para la ocasión, hecha con mucho amor. Me explicó que en su país, a la madre que está alimentando a un bebé, hay que llevarle buena comida.

Mihoko ha viajado muchísimo y ha vivido en diferentes países, lo que la convierte en una persona cultísima y muy abierta, características que se traducen en su música y en su comida. Sus platos, aun siendo japoneses, son una excelente fusión de todas esas culturas.

Para ella, la calidad del producto es fundamental. Es capaz de recorrer kilómetros para encontrar el mejor pescado, la mejor materia prima… Es muy exigente y perfeccionista en cada detalle que rodea a lo que prepara, para obtener el mejor sabor, la mejor calidad y una presentación impecable.

Hace tiempo comenzó una aventura empresarial montando un catering, Mihokatering, del que ni siquiera tiene una web, porque le gusta cocinar para la gente que le llega a través de sus amigos o de amigos de amigos.

Siente que su comida la comunica con las personas y transmite su energía. Con ese boca a boca ha ido haciendo una clientela que aprecia verdaderamente su exquisita forma de cocinar. Tiene también anécdotas muy divertidas que a mi hijo le encanta escuchar, como cuando preparó una comida para el futbolista inglés David Beckam. Cuenta lo mucho que le sorprendió la delicadeza con la que cuidaba a su hijo recién nacido, con qué cariño le daba de comer… Incluso en la forma de contar la anécdota, en las cosas en que se fija, queda reflejado el carácter de Mihoko.

Sashimi de calamar al estilo Mihoko

INGREDIENTES

1 calamar de 200 g

1 pepino de unos 100 g

1 hoja de alga nori

1 hoja fresca de shiso por persona o polvos de shiso deshidratados

unas semillas de sésamo

salsa de soja

wasabi

1 yuzusin cáscara o yuzu en polvo deshidratado (cítrico japonés)

unas huevas de salmón

1 umeboshi (ciruela japonesa)

unas flores de pakchoy

ELABORACION

Limpiamos el calamar y lo cortamos a tiras. Los mezclamos con el umeboshi picado como si fuera puré. Cortamos el pepino en juliana y lo añadimos también con las hojas de shiso. Espolvoreamos con sésamo y finalizamos el plato decorándolo con yuzu, alga nori en juliana, unas huevas de salmón y unas flores de pakchoy. Lo servimos con salsa de soja y wasabi.

Tataki de salmón con salsa de lima

INGREDIENTES

700 g de salmón limpio y sin espinas

1 cebolla mediana

3 o 4 ramitas de cilantro

PARA LA SALSA

salsa de soja

1 lima

wasabi al gusto

ELABORACIÓN

Cortamos el salmón en filetes de 1/2 cm de grosor como si fuera sashimi. Partimos la cebolla muy fina y la cubrimos con abundante agua; cambiamos el agua 3 o 4 veces y en cada cambio, la apretamos para escurrirla bien. La última vez, la escurrimos con la ayuda de un paño seco. Así la cebolla no tendrá picor ni olor fuerte.

En un bol o en un plato hondo, ponemos los filetes de salmón formando una rosa abierta. Ponemos encima la cebolla, como una nube. Picamos el cilantro y lo añadimos sobre la cebolla justo antes de servir.

Para la salsa:

Lavamos la lima y rallamos la cáscara. La mezclamos con salsa de soja, el jugo de lima y wasabi. La servimos en una salsera aparte junto con el salmón.

Gyoza de carne y verdura

INGREDIENTES

masa de gyoza (la venden congelada en tiendas de alimentación asiática)

1 penca de pakchoy (verdura a la venta en establecimientos de productos de Asia)

jengibre fresco

150 g de lomo de cerdo picado

1 diente de ajo

1 cebolla

4 setas shitake pequeñas

aceite de oliva

salsa de soja

vinagre de arroz

aceite de sésamo

aceite de cayena

salsa de pescado (verdura a la venta en tiendas de alimentación asiática)

sal

ELABORACIÓN

Cortamos el pakchoy, la cebolla y el ajo. Sofreímos estos ingredientes junto con las shitake en una sartén con un poco de aceite de oliva. Agregamos 2 cucharadas de salsa de soja y 1 de salsa de pescado y sazonamos. Retiramos, y cuando se enfríe la mezcla agregamos la carne, un poco de jengibre y removemos. Luego rellenamos las gyozas como si fueran empanadillas.

Para cocerlas seguimos un método sencillo y delicioso (aunque en Japón se hace de forma diferente).

Marcamos las empanadillas con un poco de aceite por los 2 lados en una sartén. Agregamos un poco de agua y las cocemos hasta que el agua se evapore (no más de 1 minuto) y retiramos del fuego.

Ya están listas para comer. Las acompañamos con una salsita preparada con salsa de soja, vinagre de arroz, aceite de sésamo y 2 gotas de aceite de cayena por persona.

NO ERA UN SUEÑO Y TENÍA NOMBRE: MASÍA ROMANÍ

Cuando decidí abrir el restaurante fue una revolución gastronómica a nivel familiar, así que pensé que era una buena idea que cada uno aportara una receta a la carta.

Mi cocina es la cebolla
el aceite y tú;

la cebolla por Miguel Hernández
el aceite por el sudor y el esfuerzo
tú por estar ahí sentado
y ser el motivo de nuestros fogones
todo es importante pero tú lo eres primero,

mi cocina es el conjunto de frutas y verduras
de pensamientos y viajes
mi desacuerdo con la vulgaridad reinante
mi amor por el mar y su olor metálico y yodado
el aroma que escapa tras una rendija y
nos recuerda que tenemos hambre
una mesa, la familia, las risas, el humo, un brindis

mi cocina es el respeto a la tierra, la dignidad de
quienes compartimos tantas horas, sin perder las
ganas de soñar que al probar un bocado quizás,
cierres los ojos y te sientas mejor.

mi cocina es la señora que me sonríe tras un mostrador
contándome la historia de un tomate que
podría ser su vida

mi cocina
me falta un final pero no es el momento

Zulema Duato

Muchos platos de la Masía Romaní son casi parte de mi familia

Cuando decidí abrir el restaurante fue una revolución gastronómica a nivel familiar. Todos querían aportar algo, todos conocían un sitio que debía visitar, todos habían probado… Fue tal la avalancha de propuestas, recomendaciones, recetas o advertencias, y todas ellas tan dispares, que en lugar de resultar útiles empezaron a ser un dolor de cabeza; no había forma de unificar criterios.

En una decisión salomónica y por tomar un camino en vez de otro, me pareció una buena idea que cada miembro de la familia aportara una receta, del tipo que fuera. Y de ahí surgió el primer esbozo de la actual carta de Masía Romaní.

Han pasado más de veinte años y hay diez platos que se han convertido en los «clásicos» de la Masía. Medio en broma, medio en serio, me justifico ante los demás diciendo que son mi familia y no doy más explicaciones.

Anchoas

Ni os imagináis el largo proceso que pasa desde que se pesca un boquerón hasta que llega a nuestra mesa en forma de anchoa desalada con su aceite virgen, y esa sencillez arrolladora que parece no esconder nada. Yo no elaboro anchoas, simplemente las presento de la forma más sugerente posible; sé el esfuerzo, la técnica, la paciencia que hay detrás de esta delicia gastronómica. La anchoa es un tesoro único y sus elaboradores lo saben.

INGREDIENTES

4 filetes de anchoa

50 g de tomate

25 g de queso fresco

aceite de oliva virgen

sal

unas hojas de rúcula

unas rebanadas muy finas de pan tostado

ELABORACIÓN

Pelo el tomate y le retiro las semillas. Luego, lo corto en daditos pequeños. Parto el queso de la misma manera. Mezclo ambos ingredientes y monto un tartar en los platos con ayuda de un aro de repostería o de silicona y lo aliño con aceite y sal. Añado unas anchoas a cada plato, también las riego con unas gotas de aceite y dispongo el tartar en el centro. Agrego unas hojas de rúcula y las sirvo con el pan tostado.

Una delicia
Sírvelas sobre una fina capa de tomate rallado y aliñado con un poco de ajo picado y aceite.

Picada criolla

Este plato llegó a mi carta casualmente un domingo. Tenía la despensa medio vacía y muchas bocas que saciar. Se instaló para quedarse, y muchos de mis clientes vienen exclusivamente a tomarse una cerveza helada con esta mezcla de sabores latinos.

INGREDIENTES

1 lima
guacamole (receta en página 64)
plátano macho, 1 o 2 según el tamaño
1/2 kg de yuca

PARA LAS EMPANADITAS

harina precocida de maíz amarillo
1 cebolla pequeña
1/4 de pimiento rojo
100 g de carne de ternera picada
1 ramillete de cilantro fresco
1 jalapeño (o guindilla)
aceite de oliva
sal

PARA LA SALSA DE AJÍ

1 tomate cortado en cuadraditos
1 cebolla cortada en cuadraditos
1 ramillete de cilantro
ají al gusto
1 chorrito de agua
1 chorrito de lima
1 chorrito de aceite
sal

Mantén así las empanaditas

Para que conserven la humedad, lo mejor es cubrirlas con film. Y si te sobran, congélalas y las tendrás listas en cualquier momento.

ELABORACIÓN

Voy a comenzar con el sofrito de las empanaditas. Pico la cebolla y la sofrío con un poco de aceite. Le añado el pimiento troceado, la carne picada, el jalapeño (si quieres) y el cilantro. Le doy un par de vueltas y listo. También lo puedo pasar por la trituradora o lo pico todo con un cuchillo.

Pelo la yuca, la troceo y la hiervo unos 15 minutos en agua y sal, igual que si fuera una patata. La escurro, la corto en bastones de unos 6 cm y la dejo en el congelador hasta el momento de freírla. Pelo el plátano macho y lo corto en rodajas de 1 cm. Lo sazono y lo frío hasta que flote en el aceite. Lo escurro y, antes de que se enfríe, lo aplasto dejándolo fino; este es el motivo por el que en Colombia a esta forma de presentar el plátano lo llaman «patacón pisao». Ahora preparo el guacamole según la receta del libro.

Voy ahora con la salsa de ají: mezclo todos los ingredientes y compruebo que la salsa esté ácida y picante, pero equilibrada. Este es el momento de amasar la harina de maíz para las empanaditas.

En un bol coloco la harina, le agrego agua tibia (1/2 taza para empezar) y mezclo con las manos. Le añado 1/2 cucharada de aceite y voy trabajándola hasta que compruebo que no esté demasiado dura pero tampoco muy blanda que no se pueda moldear. Si creo que necesita más agua, voy poco a poco humedeciendo la masa hasta que pueda formar una bola. Luego, la divido en porciones del doble del tamaño de una canica.

Para hacer las empanaditas, puedes ayudarte con film. En un lado del plástico pongo la bolita, la cubro con el resto del plástico y la aplasto con un rodillo. Le doy forma redonda con un vaso y retiro la masa sobrante. Pongo un poco de relleno en el centro y las cierro ayudándome de nuevo con el plástico. Uno los bordes, aplastándolos, retiro el film y repito la operación hasta terminar con la masa y el relleno.

En este punto ya tenemos el plátano o patacón pisao, la yuca enfriándose en el congelador y las empanaditas listas para freír.

En una sartén honda caliento aceite y voy añadiendo: primero el plátano y lo dejo hasta que se dore, luego la yuca y finalmente las empanaditas.

Lo sirvo todo con unos gajos de lima, y el guacamole y la salsa de ají en dos cuencos. Son muchos pasos pero vale sorprender a los amigos con esta receta.

Ensalada de endibias, boniato, yogur y salmón

No es la primera vez que cuento que hay recetas que surgen de contemplar los puestos en el mercado. Esa exuberancia y los jugos gástricos desatados vuelven la imaginación volcánica; esta receta es fruto de esa inspiración.

INGREDIENTES

2 endibias

unas hojas de lechugas variadas

150-200 g de salmón marinado o ahumado

1 boniato amarillo

150 g de yogur natural griego

aceite de oliva

sal

pimienta

mostaza de Dijon

1 limón

eneldo

ELABORACIÓN

Aso el boniato durante 35 minutos a 170°. Luego, lo pelo y lo troceo. Corto el salmón en dados; si es ahumado compro un lomo a ser posible.

Lavo la endibia y las hojas de ensalada y corto las primeras en juliana y troceo las segundas.

Mezclo el yogur con 1 cucharadita de mostaza, aceite, sal y pimienta. Coloco la endibia, la lechuga y el salmón en un bol, y los aliño con aceite, el zumo del limón y sal. Añado el boniato y sirvo la ensalada espolvoreada con eneldo y con la salsa de yogur o con esta en un recipiente aparte.

¡Disfrútala a cualquier hora del día!

Con frutos secos

Si le añades unas nueces picaditas, o incluso unas avellanas, le añades un toque crujiente muy rico.

Tortita mediterránea

El origen de este plato surge de mi amor por los salazones y por cómo hacerlos llegar al comensal con un poco de oficio. Es un bocado sencillo, en apariencia, aunque requiere diferentes elaboraciones. Vamos allá...

INGREDIENTES

PARA LA TORTITA

300 g de harina

200 g de mantequilla

1 huevo

PARA EL PISTO

2 pimientos rojos

2 berenjenas

1 manojo de cebollas tiernas

2 cucharadas de tomate frito

1/2 cucharadita de pimentón dulce

aceite de oliva

PARA ACOMPAÑAR

mojama (salazón de atún)

huevas de maruca (pescado perteneciente a la familia gadiforme, primo hermano del bacalao)

cebollino

crema de queso parmesano

paté de aceitunas negras

ELABORACIÓN

Para las tortitas mezclo todos los ingredientes y los amaso muy poco para que no se convierta en una masa elástica. La extiendo con un rodillo y la corto en círculos. Luego los horneo de 8 a 10 minutos a 180°.

Después, preparo el pisto. Lavo los pimientos y la berenjena y los horneo durante 30 minutos a 180°. Cuando el pimiento separe la carne de la piel y la berenjena esté blandita, será el momento de sacarlos (normalmente coinciden en tiempo ambos ingredientes).

Los retiro del horno, los limpio y los troceo muy finos. Sofrío la cebolla con aceite, añado el pimiento y la berenjena y remuevo. Espolvoreo con el pimentón, dejo cocer 1 minuto y añado el tomate.

La crema de parmesano es una rica opción porque le da un toque delicioso, pero en absoluto creo que sea un ingrediente fundamental. En casa, aprovechamos las cortezas y los trozos más secos de parmesano y los infusiono con nata. Reduzco unos instantes y así toma el sabor del queso. Lo cuelo y reservo la salsa para decorar.

Con una cortadora de fiambre o con un cuchillo bien afilado, parto la mojama y la maruca en láminas muy finas.

Para montar el plato: reparto el pisto sobre los círculos de masa quebrada y añado un poco de mojama y maruca. Si quieres, coge una pequeña quenelle de paté de aceitunas y ponla encima (o sírvelo aparte). Decoro el plato con una pincelada de crema de queso parmesano y cebollino, y *¡voilá!*

Un paté casero

El paté de aceitunas negras se encuentra envasado y de muy buena calidad en casi todas las tiendas de alimentación. Pero si lo quieres elaborar en casa, solo tienes que añadir un poco de aceite a las aceitunas negras deshuesadas y triturarlas.

Ensalada de tomate con queso fresco

Toda la gente que trabaja la tierra sabe lo difícil que es cultivar tomates. La simiente, el clima, la lluvia ácida y un sinfín de albures. Estoy hablando del tomate de temporada que huele y sabe auténtico. En nuestra tierra, el tomate valenciano es una joya que empezamos a valorar y a proteger.
Su momento idóneo es desde que empieza el calor hasta los primeros fríos otoñales. Luego vienen otras variedades y en cada época se debe elegir el que mejor desarrolle sus virtudes en ese clima. La ensalada de tomate puede estar compuesta por cualquier variedad o por una mezcla de varias, según la época del año.

INGREDIENTES

1/2 kg de tomates cherry (verdes, rojos o amarillos)

queso blanco fresco (yo elijo siempre de vaca)

unas hojas de albahaca

1 pepino

sal (escamas o flor)

aceite de oliva virgen

ELABORACIÓN

Algo tan sencillo requiere pocas explicaciones; lavo los tomates, los corto en cuartos o en rodajas, o mezclo diferentes cortes.

En el último momento, lavo las hojas de albahaca y las corto muy finas. También parto en daditos el queso blanco, sazono, riego con aceite con generosidad y mezclo, mejor con 2 cucharas para que no se rompa nada. Y ahora a disfrutarla con una buena hogaza de pan.

Suma ingredientes

Si te gusta el pepino agrégalo en daditos pequeños. Incluso si le añades frutas quedará muy rica. La manzana, la piña o el melón le van fenomenal.

Buñuelos de bacalao

Es un plato típico de nuestra tierra y hay cientos de versiones, aunque la base siempre es la misma. En el restaurante las llamo «bolitas de bacalao». Esta receta es de una señora del pueblo que me las llevó al restaurante de regalo; me gustaron tanto que le pedí la receta y desde entonces la hacemos según nos contó la señora María.
Solamente le introduje una variante y es que al freírlos, en vez de utilizar la clara de huevo ligeramente montada, los freímos en tempura, que le da un crujiente por fuera que contrasta muy bien con la melosidad interior.

INGREDIENTES

un manojito de perejil

3 patatas medianas

1 cebolla dulce

25 g de piñones

250 g de migas de bacalao seco (tipo inglés)

aceite de oliva virgen

harina de tempura

leche

sal

ELABORACIÓN

Lavo las patatas y las cuezo en agua con sal hasta que estén blanditas (intenta que el agua se evapore completamente cuando la patata esté cocida). Luego las pelo y las troceo.

Para el sofrito: pico la cebolla finamente y la doro junto con los piñones en una sartén con 3 cucharadas de aceite.

Hiervo el bacalao desmigado con leche y lo escurro. Lo pongo en un cuenco y lo machaco con la mano de un mortero. Añado la patata y voy mezclando. Agrego el sofrito con el aceite y el perejil picado. Compruebo que la masa queda ligada y untuosa. Luego, formo bolitas como si fueran albóndigas.

Mezclo un poco de harina de tempura con agua fría (mejor con gas) hasta que obtengo una masa ligera. Rebozo las albóndigas en esta preparación y las frío, por tandas, en aceite bien caliente. Las retiro, las dejo escurrir y las sirvo enseguida.

El mejor acompañamiento

En Valencia se acompañan con salsa alioli y nadie perdonaría que no fuera así.

Alcachofa salteada con sepia y trufa

Un poco de mitología para presentar a esta magnífica verdura. Dicen que el dios Zeus, enfurecido con su amada Cynara, que eligió a su familia antes que a él, decidió convertirla en alcachofa; ni aun así consiguió olvidarla, pues Cynara era bellísima.
La alcachofa está presente en nuestra cocina durante al menos seis meses (el calor la sigue manteniendo bella pero la hace incomible), tiene muchas propiedades, está buenísima y hoy está más viva que nunca. En casi todas mis preparaciones cuento con ella, pero en el plato de hoy es la protagonista absoluta.

INGREDIENTES

6 alcachofas (pequeñas a medianas)

300 g de sepia (3 sepias pequeñas)

aceite de oliva

sal

trufa (fresca o congelada)

100 ml de nata

el zumo de 1 limón

hojas de perejil, limonero, tomillo…

ELABORACIÓN

En primer lugar limpio las alcachofas dejando el corazón y reservando los rabitos (con estos hago un puré muy básico que contrasta maravillosamente). Dicen, y yo lo comparto, que cuando el rabo de la alcachofa es grueso la alcachofa es tierna. Luego, dejo los corazones de alcachofa en remojo con el zumo para que no se oxide.

Elijo un recipiente donde quepan las alcachofas lo más ajustadas posible y cubro su base con las hierbas; cualquier aroma las perfumará sin que pierdan su sabor. Las sazono, agrego un buen chorro de aceite y las cubro con agua hasta la mitad más o menos. Las cuezo a fuego fuerte y cuando se evapore el agua, les doy la vuelta. Finalmente terminarán sofriéndose con el aceite que queda y será el momento de retirarlas.

Paralelamente cuezo los rabos de la alcachofa durante unos 10 minutos con la nata. Lo paso todo por la Thermomix o minipimer hasta que obtengo una crema.

Limpio la sepia y la corto en cuadraditos de 1 cm. Salteo las alcachofas (los salteados son rápidos y a fuego fuerte) con un poco de aceite y las retiro. Añado a la misma sartén la sepia y también la salteo 1 minuto (por recetas anteriores ya sabéis que me encanta incendiar la sartén para conseguir un ligero sabor a brasa).

Para servir, cubro el fondo de un plato con el puré y añado la alcachofa y la sepia. Luego, termino con un rallado generoso de trufa y un chorrito de aceite de oliva virgen.

Sobre la trufa

Es un mundo muy hermético que requiere todo un capítulo explicativo… y mucho más. La trufa de invierno (*Tuber melanosporum*) es muy aromática, negra en su interior y mucho más cara que la de verano (*Tuber aestivum*). Lo que sí descarto en mis preparaciones son los aceites de trufa que venden envasados; en mi opinión, solo destrozan una preparación impregnándola de un falso aroma que recuerda al gas.

Romanitos

Hace más de veinte años, cuando inauguramos el restaurante, mi hermana me habló de un bar en el Madrid de los Austrias donde ponían un montadito delicioso... Con los romanitos nunca se falla, y cuando os cuente la receta entenderéis por qué.

INGREDIENTES

2 patatas pequeñas

4 lonchas de jamón serrano

4 huevos de codorniz

12 pimientos de Padrón

aceite de oliva

ELABORACIÓN

Pelo las patatas y las corto como si fueran para tortilla. Las pocho, lentamente, con aceite hasta que estén blanditas, las escurro y reservo. Tuesto el pan. Pongo al fuego una sartén antiadherente con un poco de aceite y cuando esté caliente, voy cascando los huevos (con un cuchillo de sierra resulta más fácil abrirlos) y los frío hasta que la clara esté cuajada. Los retiro con una espátula y los reservo. En el mismo aceite, salteo los pimientos de Padrón unos 10 minutos.

Coloco sobre las rebanadas de pan una capa de patatas, añado el jamón y el huevo, y decoro con los pimientos. ¡A disfrutar!

¡Qué gran idea!

Cuando poches las patatas, añade un diente de ajo sin pelar y un poco de tomillo. Verás que sabor.

Ensalada Bella Anna

En el restaurante, las ensaladas varían prácticamente todas las semanas, pero en la carta hay un clásico que permanece contra viento y marea, la ensalada «Bella Anna». Está dedicada a todas las Ana que han trabajado a mi lado y que llenan la historia del restaurante de buenos recuerdos.

INGREDIENTES

100 g de espinacas

1 manojo de espárragos

tomate seco en aceite

75 g de queso parmesano en lascas

75 g de jamón curado

aceite de oliva

PARA LA VINAGRETA

1 cucharada de mostaza

sal

pimienta

vinagre

aceite de oliva

ELABORACIÓN

Las elaboraciones de las ensaladas son coser y cantar; el secreto está en el aliño y la elección del producto.

Lavo las espinacas, las escurro y reservo. Limpio los espárragos, los parto en rodajitas y los salteo con un poco de aceite. Si el tomate seco es cherry lo dejo tal cual, y si son tomates más grandes los troceo.

Corto el jamón en lonchas finas, lo coloco en una bandeja de horno entre dos papeles vegetales, pongo algo de peso encima y lo horneo durante 20 minutos a 160°.

Preparo una vinagreta básica: mezclo todos los ingredientes menos el aceite, que luego voy añadiendo en un hilo y sin dejar de remover con un tenedor o unas varillas. Es sorprendente cómo liga fácilmente, adquiriendo la densidad de una mayonesa.

En una ensaladera mezclo todos los ingredientes y los aliño con la vinagreta, asegurándome de que se impregnen bien. Al servirla es importante que se aprecien todos los ingredientes que lleva la ensalada. Y ¡cuidado!, perderá su espléndido aspecto si tardas en presentarla y comerla.

Dale otro toque a la vinagreta

Puedes añadirle vinagre de Jerez, balsámico o de frambuesas, y unas gotitas de salsa de soja. ¡Estará deliciosa!

Kefta de cordero

La gente de los países mediterráneos es famosa por su hospitalidad. No deberíamos olvidarnos de esta maravillosa virtud que nos caracteriza, y que parece más arraigada entre los que menos tienen y más olvidada cuando más posees.
Os preguntaréis por qué hablo de hospitalidad para explicaros esta receta. Entre mis recuerdos, el más memorable es un viaje con unos amigos por Túnez. Un día caminábamos con hambre y sed, y un pastor nos invitó a su casa para ofrecernos agua. Al llegar, su mujer se disculpó por tener una casa tan fea y pobre, y acto seguido nos agasajó con un té, kefta y dulces.
¡No hay nada comparable con ese recibimiento!
La cara de esa señora viéndonos disfrutar fue una lección de vida que tengo muy presente. El kefta estaba delicioso, para chuparse los dedos. Este recuerdo viaja conmigo desde entonces y la sonrisa de nuestra anfitriona también.

INGREDIENTES

500 g de carne de pierna de cordero lechal picada

1 cebolla grande

unas hojas de perejil

1 pizca de comino molido

pimienta negra

1 cucharadita de pimentón dulce

unas hojas de hierbabuena

1 pizca de canela

1 pizca de humo en polvo (a la venta en grandes superficies)

unas hojas de limonero

aceite de oliva

PARA LA GUARNICIÓN

hummus

salsa harissa

cuscús

yogur

pepino

ELABORACIÓN

Sofrío la cebolla cortada en daditos en aceite. Pico el perejil y unas hojas de hierbabuena. Voy agregando la carne al sofrito, las hierbas picadas y el resto de los ingredientes, y lo salteo todo unos minutos (el humo en polvo no es un ingrediente que se incluya en esta receta, pero a mí me gusta añadirlo porque le da un toque a barbacoa).

Entonces pruebo la mezcla para comprobar si está bien aliñada y la dejo enfriar en la nevera. Luego voy cogiendo porciones de la masa y les doy forma de croqueta sobre una sartén forrada con hojas de limonero.

Para acompañar, sirvo el kefta con hummus, cuscús (en invierno lo salteo con pasas y piñones y en verano hago taboulé) y con salsa harissa (típica de la cocina magrebí), que le aporta el toque picante y que llevo a la mesa en un cuenco aparte. Para darle una nota refrescante, también lo sirvo con unos rosetones de yogur mezclado con pepino, hierbabuena, aceite y sal.

Disfruta de esta combinación de sabores y, si puede ser en compañía, mejor.

Con ternera

Si vuestro carnicero no tiene cordero lechal, puedes mezclar cordero con ternera a partes iguales y el resultado será delicioso. También puedes hacerlo solo con recental, aunque al tener más edad su sabor resultará más fuerte.

Carrillada de ternera

Esta receta es un clásico de la carta del restaurante desde hace casi veinte años. Aún recuerdo el día que probé por primera vez las carrilladas; no me podía creer que hubiera una carne tan tierna y melosa. Quise repetirlo en mi cocina y muchas veces he leído, en la cara de mis clientes, cómo se refleja la sensación que yo tuve.
La receta de hoy está inspirada en un cocinero italiano del equipo de Ducasse. Alain Ducasse es uno de los grandes chefs y empresarios de la gastronomía mundial.
Voy a contaros mi interpretación de esta receta.

INGREDIENTES

4 carrilladas de ternera

4 cebollas

1 hinojo

3 zanahorias

laurel

pimienta

tomillo

aceite de oliva

fondo de ave

harina

1 vaso de vino blanco

ELABORACIÓN

Corto la cebolla, el hinojo y la zanahoria en juliana, y los sofrío con aceite en una cazuela que luego pueda ir al horno. Mientras, limpio las carrilladas; verás que esta carne tiene una membrana blanca en una de sus caras que debes retirar con un cuchillo. Así que asegúrate que la carne esté roja y no tenga un olor desagradable.

Enharino los filetes y los frío en aceite durante 2 minutos. Los agrego a la cazuela del sofrito con el vino, pimienta, laurel y tomillo. Dejamos reducir 5 minutos, cubrimos con el fondo, tapamos y horneamos durante 2 horas a 180°; de vez en cuando hay que controlar que la carne siempre esté cubierta de caldo.

Pasado este tiempo, compruebo si las carrilladas están tiernas y las saco del horno.

Para terminar, cuelo el caldo y reservo las verduras. A veces, dejo una parte y las trituro con la salsa para que espese. También puedes espesarla con maicena o con un roux (mezcla de harina y mantequilla). Dejo cocer la salsa hasta que tenga la densidad que quiero, cubro la carne con ella y la sirvo.

De guarnición

En el restaurante, la servimos con un puré de patata espeso y con una ensalada de rúcula, que le van genial.

Gazpacho de setas

Agradezco que mi primer gazpacho manchego fuera en el campo rodeada de naturaleza. Las tortas del pastor y el resto de los ingredientes y especias fueron un misterio para mí, hasta que muchos años después, Mercedes, la madre de Miguel Ángel, mi cuñado, lo cocinó conmigo y me enseñó la base de estos gazpachos. La receta que hoy os ofrezco está basada en los conocimientos de Mercedes, pero es un gazpacho a mi manera para celebrar el otoño y las setas.

INGREDIENTES

6 cebollas

2 dientes de ajo

1 pimiento rojo

200 g de tomate rallado

1 guindilla (optativo)

pimentón dulce

tomillo seco

orégano seco

1/2 cucharadita de pimienta negra

romero seco

1 cucharadita de comino

1 pizca de azafrán

2 l de fondo de ave

3/4 kg de setas variadas (rebollones, boletus, trompetas de la muerte, setas de cardo, colmenillas, perro chico…)

1 manojo de espárragos trigueros

200 g de tortas manchegas

aceite de oliva

sal

ELABORACIÓN

Para preparar este gazpacho manchego o galiano, empiezo haciendo un buen sofrito con cebolla, pimiento rojo y ajo, todo troceado y con un buen chorro de aceite. El tomate lo añado al final.

Limpio las setas y rompo en trocitos las tortas.

Y vuelvo al sofrito que estará esperando. Le añado 1 cucharada de pimentón dulce, la guindilla y le doy un par de vueltas. Vierto el fondo de ave y cuando comienza a hervir, voy agregando el resto de las especias y las hierbas. Lo dejo cocer 15 minutos.

Mientras tanto, salteo las setas. Como habrás comprobado que soy muy amante de incendiar sartenes, cuando las salteo (recuerda que debes tener práctica, espacio y cuidado) uso un recipiente grande que debe estar muy caliente. Voy añadiendo setas, por tandas, y al agregar el aceite es casi seguro que aparezca una llamarada. Vale con saltearlas 1 minuto.

Luego, trituro el sofrito con el caldo, lo pongo de nuevo en la cazuela y agrego las tortas troceadas. Ajusto de sal, dejo cocer 10 minutos y añado las setas. Dejo cocer 5 minutos más y compruebo que la torta esté cocida.

Incorporo los trigueros limpios y troceados, sazono, dejo unos instantes y retiro del fuego.

¿Qué más se puede pedir?

Dos ideas

En el último momento, en ocasiones, le rallo un poco de micuit de foie o, si tengo, una trufa de invierno. Cualquier opción será un delicioso remate para este plato de otoño.

Pulpo braseado sobre puré de cachelos

Esta receta es un icono de la cocina gallega que tiene un hueco en cualquier mesa y es la alegría en fiestas populares. El pulpo troceado con un chorro de aceite y un poco de pimentón abre el apetito y te invita a compartir. Mi versión varía la forma de presentarlo pero mantiene su esencia.

INGREDIENTES

100 g de pulpo por persona aprox.

1 patata pequeña por persona

pimentón de la Vera (ahumado)

sal gorda

aceite de oliva virgen

ELABORACIÓN

Para comprar el pulpo tengo dos opciones: fresco o cocido. Si ya está cocido puedo decidir el tamaño de las patas y el número de ellas según cuantas bocas me esperen (para 4 personas, 2 patas de 200 g suelen ser suficientes).

Si lo compro fresco, es mejor elegir uno pequeño, si somos pocos. Un pulpo de 1/2 kg es perfecto para 4 o 5 personas. Después puedo congelarlo o cocerlo empleando la técnica de «darle una paliza» para romper la fibra y que quede tierno. Esta consiste en introducir y sacar el pulpo 3 veces en agua hirviendo y, luego, continúo la cocción unos 20 minutos (depende del peso, pero como he apuntado antes es suficiente si el pulpo pesa 1/2 kg).

Si lo congelo, lo saco el día anterior para que se descongele y basta con que lo cueza 20 minutos en agua ligeramente salada; lo voy pinchando con un palito para comprobar si está tierno.

Una vez cocido, troceo el pulpo en rodajas de 1 cm aproximadamente. Caliento una sartén con un poco de sal gorda en el fondo, añado el pulpo y lo dejo 1/2 min. Lo riego con aceite; quizás, al estar muy caliente la sartén, se prenda fuego y aunque esto le da un buenísimo sabor a brasa, si te da miedo o no tienes suficiente espacio, apaga el fuego antes de incorporar el aceite, dale la vuelta al pulpo y enciende de nuevo; verás como con la gelatina del pulpo se forma una costra dorada muy apetitosa.

Luego, cuezo las patatas con agua y un poco de sal gorda. Cuando la patata está tierna, la escurro, la pelo y hago un puré cremoso agregándole aceite de oliva virgen y sal, ¡queda sabrosísimo! Cubro la base de un plato con el puré, reparto el pulpo, espolvoreo con pimentón, riego con un chorrito de aceite… y a disfrutar.

Si compras un pulpo grande…

Lo puedes congelar por patas y lo vas cociendo en porciones. El tiempo orientativo de cocción para un pulpo grande es de 40 minutos.

Ventresca de atún con tomate

El atún es el pescado más apreciado en nuestra alimentación y estamos consiguiendo esquilmar su población.

Su valor cambia según las variedades y las artes de pesca. Tened en cuenta que hay barcos que pasan meses en alta mar y tienen que congelar sus capturas. El arte de la almadraba es el más valorado. Consiste en un laberinto de redes que se lanzan cerca de la costa, donde los atunes terminan acorralados. Los suben a los barcos con unos anzuelos gigantes para su posterior despiece o ronqueo.

La receta de hoy mejora en función de la calidad del atún; la ventresca es la parte que está más cerca de la cabeza y que recubre el vientre. Es delicada, jugosa y la más cara en el mercado. También es la más perecedera; fíjate al comprarla que su color no sea marrón ni tenga manchas verdosas.

INGREDIENTES

500-600 g de ventresca de atún cortada en filetes o daditos

1 kg de tomates maduros

aceite de oliva

sal sin refinar

aceitunas negras

albahaca

azúcar

ELABORACIÓN

Parto los tomates por la mitad y los dejo escurrir para que suelten el agua y las semillas. Los rallo y los sofrío con un buen chorro de aceite. Cuando el aceite suba a la superficie, sazono y añado una pizca de azúcar o mermelada de tomate. Apago el fuego y añado unos trocitos de aceituna y unas hojitas de albahaca picadas. Con esto ya está lista la salsa.

Espolvoreo sal sin refinar en el fondo de una sartén. La pongo al fuego y cuando comience a saltar la sal, añado los filetes o daditos de ventresca y los marco por todos los lados; si la ventresca es muy grasa, no añado aceite. Luego, la retiro. Pongo en los platos una base de salsa de tomate, añado la ventresca y listo.

Recuerda que es mejor que el pescado esté casi crudo, pero esto depende del gusto de cada uno. Los cierto es que los pescados azules quedan muy secos si se sobrepasa la cocción.

Así más rica

En el restaurante me gusta servirla con unos daditos de pepino y unos espárragos verdes troceados y salteados.

Bacalao en salsa de leche

La historia del bacalao está llena de anécdotas legendarias de pescadores en mares gélidos regresando a puerto, de fortunas creadas a base de infortunios, de cuaresmas alimentadas de bacalao, de estómagos saciados y vidas salvadas. El bacalao es un alimento capaz de crear por sí mismo un entorno económico y social, del que es el epicentro. Seco, fresco, salado, desmigado, al pil-pil, con tomate o simplemente hervido simboliza a la vez austeridad y riqueza. He recuperado del recetario familiar, concretamente de la mesa de mi tía Mirosi, esta deliciosa y sencilla receta.

INGREDIENTES

4 patatas medianas

3 cebollas

harina

4 lomos de bacalao (150 g si es salado y 225 g si es desalado)

1/2 l de leche (cuanto más grasa, mejor)

aceite de oliva

ELABORACIÓN

Si el bacalao es salado habrá que desalarlo. Primero lo lavo y luego lo dejo en remojo con agua 12 horas. Transcurrido ese tiempo cambio el agua y lo dejo otras 12 horas. Repito la operación 2 veces más. Si el bacalao está ya desalado, no es necesario este proceso.

Pelo las patatas, las lavo, las enharino y las frío con aceite. Cuando empiezan a dorarse, las reparto en una cazuela de horno.

Lavo el bacalao, lo enharino y lo frío con un poco de aceite. Lo añado a la cazuela de las patatas.

Corto la cebolla en juliana y la sofrío con aceite. La dispongo sobre el bacalao y baño todo con la leche. Introduzco la cazuela en el horno precalentado a 180° y lo dejo cocer 15 minutos.

Acompáñalo con…

… una ensalada de espinacas con pasas le va muy bien. Alíñala con una vinagreta ligera que no reste sabor al pescado.

Lubina a la pimienta verde

*Enfrentarse a un papel en blanco intimida, a un lienzo en blanco inspira,
y a cualquier cocinero enfrentarse a un pescado le impone.
Afortunadamente tenemos referencias valiosísimas de cocineros muy creativos que me sirven
de inspiración y me ayudan a tratar con respeto lo que, en breve,
será tan codiciado como imposible de conseguir.
La lubina o róbalo es un pescado blanco común en las costas mediterráneas.
La receta que hoy os ofrezco es la creación de un gran cocinero al que también considero
una gran persona: Pedro Subijana.
Cuando trabajas productos como la lubina de extracción, puedes agregarle una salsa o una
guarnición, pero lo más importante es acertar con el punto de cocción.*

INGREDIENTES

1 lubina (1 kg o 1 Kg y 1/2)

1 vasito de licor de manzana

1 cucharadita de pimienta
verde en grano

250 ml de nata

6 chalotas

sal

mantequilla

aceite de oliva

ELABORACIÓN

Limpiar el pescado fresco es parte de la elaboración de la receta. Mientras lo hago, respiro sal y playa. Su textura suave me ayuda a apreciar si es más o menos graso.

Me gustan mucho los cuchillos; usarlos es una de las partes que más disfruto en la cocina. Aprendí a limpiar el pescado en la playa con un machete enorme y sin ningún miedo a mancharme de escamas o de sangre, porque terminaba siempre en el agua.

Volviendo a la valiosa lubina, yo la suelo filetear o se lo pido al pescadero. Me quedo con la cabeza y las espinas para hacer un caldo lo más concentrado posible (ya sabéis, cocedlas con unas verduras, agua y sal 1 hora, más o menos, y luego coladlo).

Pelo y troceo las chalotas y las sofrío con aceite y mantequilla. Cuando está dorada, añado el licor y dejo reducir. Agrego la mitad de los granos de pimienta y unos 400 ml del fondo de pescado preparado. Lo dejo cocer de nuevo hasta que se reduzca un poco y vierto la nata. Luego, dejo reducir hasta que la salsa adquiera la densidad que me gusta.

Lavo el pescado, lo sazono y lo marco en una sartén por el lado de la piel con un poco de aceite. Añado la salsa y el resto de la pimienta, y apago el fuego cuando considero que el pescado está en su punto.

Pedro presentaba este plato con un pescadito de hojaldre como decoración.

Dos formas de servirlo

Podéis hacerlo como se cuenta en la receta o dorar el pescado aparte y servirlo con la salsa en un recipiente para que cada uno se ponga la cantidad que prefiera.

Milhojas de foie con manzana

Este delicioso bocado lo probé por primera vez en la ciudad malagueña de Ronda, elaborado por el cocinero Dani García. Fue una experiencia única, cerré los ojos y pensé que era lo más delicioso que había comido nunca. Lo he repetido en mi cocina durante más de dos décadas con un éxito asegurado en el 99% de los paladares. Una explicación sencilla será suficiente para que podáis elaborarlo en casa. Vamos allá.

INGREDIENTES

300 g micuit de foie

1 manzana granny smith

150 g de queso de cabra curado, cremoso y suave (el de rulo es ideal)

azúcar

PARA LA VINAGRETA

100 g de almendras peladas

50 g de beicon

2 cucharadas de salsa de soja

aceite de oliva

ELABORACIÓN

Forro un molde rectangular (elige uno que tenga unos 5 cm de profundidad, 15 de largo y 8 de ancho) con film, de manera que sobresalga unos centímetros por todos los lados. Parto en láminas la manzana, lo más finas posible sin que llegue a romperse. Cubro el fondo y las paredes del molde con láminas de manzana, y voy alternando capas de queso, de foie (ambas de unos 8 mm) y de manzana; acabo con una de foie. Cubro la superficie con las láminas de manzana de los laterales y tapo con film. Lo presiono un poco y lo dejo en la nevera hasta que se enfríe.

Lo desmoldo y lo corto en porciones individuales del tamaño que deseemos.

Después, espolvoreo la parte de arriba con el azúcar y la caramelizo con ayuda de un soplete de cocina (también vale una pala de quemar tradicional).

Y ahora preparo la vinagreta para bañar este bocadito. Tuesto la almendra sin añadir grasa y la trituro. Doro el beicon con un hilo de aceite hasta que esté crujiente. Mezclo ambos ingredientes con un poco de aceite y la salsa de soja.

Riego con esta salsita el milhojas y os aseguro que son la combinación perfecta.

Más fácil

Para cortar el foie en láminas, lo meto un rato en el congelador, pues si está frío es más fácil hacerlo.

Paletilla de cordero

Explicar esta receta es como coser y cantar, pero conseguir que resulte deliciosa es un poco más complicado. La carne debe estar crujiente por fuera y jugosa por dentro, no debe parecer cocida en su salsa, ni reseca por falta de ella. Es una pieza de artesanía que requiere sensibilidad y mimo. No puedes introducir la paletilla en el horno a 160° durante 3 horas y olvidarte de ella...
La receta que hoy propongo me la regaló una cocinera francesa, artista y amiga, que derrocha sabiduría culinaria sin darse cuenta.
Cuando quiero innovar, cambiar o contrastar, siempre la llamo, pues sus consejos tienen sabor y olor a fogones auténticos.

INGREDIENTES

2 paletillas de cordero

100 ml de aceite de oliva virgen

100 ml de agua

3 tomates rojos

sal sin refinar

1 ramita de romero

4 dientes de ajo

unas patatas pequeñas

vino blanco

ELABORACIÓN

Unto las paletillas con el ajo partido por la mitad para aromatizarlas. Las sazono y las pongo en una cazuela de barro con el romero. Las riego con el aceite, con vino y con 100 ml de agua.

Lo ideal sería tener un horno de leña, pero en el 99% de los casos nos conformamos con el de gas o el eléctrico.

Introduzco la cazuela en el horno y la dejamos durante 2 horas y media o 3 horas a 160°. Eso sí, hay que jugar con darle la vuelta, regarla con agua y taparla si es necesario. También bajar o subir el fuego y estar atentos a que no se reseque ni se cueza. Y cuando quede 1 hora más o menos, suelo añadir unas patatas enteras y sin pelar, para que se hagan a la vez que el cordero.

Para brindar

Este plato es como un homenaje, por lo tanto, vale la pena brindar con un buen tinto de la tierra. Y servirlo con una ensalada fresquita.

Calamarcitos salteados con habitas y ajetes

Este es uno de los platos estrella del restaurante. Lo tengo siempre fuera de carta pues dependo del mercado para su elaboración. Es importante que el calamar sea pequeño (3 a 4 cm) o mediano; si es fresco muchísimo mejor. También hay calamares congelados que están buenísimos y conservan todas sus propiedades intactas; el calamar, como todos los cefalópodos, congela muy bien.

INGREDIENTES

18 calamares pequeños

1 tomate pera

6 u 8 ajos tiernos

habitas baby, al gusto (150 g peladas)

sal

sal gorda, en escamas o flor de sal

perejil o cebollino

aceite de oliva

ELABORACIÓN

En primer lugar preparo los ingredientes para el sofrito. Limpio los ajos y los troceo, descartando la parte más verde. Pelo el tomate y lo corto en cuadraditos. Si las habitas son pequeñas las dejo tal cual y si son medianas o grandes, les retiro la piel.

Rehogo los ajetes con un chorrito de aceite, incorporo el tomate y subo el fuego para que este se sofría. Ajusto de sal, incorporo las habitas y apago el fuego; el calor residual será suficiente para que se hagan mínimamente sin perder el color ni el crujiente.

Es muy práctico limpiar el calamar debajo del grifo, pero conviene tener cuidado con la tinta pues muchas veces salpica. Los calamares suelen tener arenilla en su interior, así que les doy la vuelta para eliminarla. Separo la cabeza y retiro los ojitos y la boca. Si el calamar es pequeño, lo salteo entero y, si es mediano, lo corto en tiras de 1 cm de ancho, manteniendo su longitud.

Espolvoreo sal (gorda, flor o en escamas) sobre una sartén bien caliente. Cuando esta empieza a «bailar», incorporo el calamar; estos deben quedar holgados y estar bien secos, si no empezarán a soltar agua y se cocerán. Añado un chorro de aceite y presto mucha atención al fuego, pues ya sabemos que cuando la sartén está muy caliente y se añade aceite se corre el riesgo de que se produzca una llamarada. En 1 minuto estarán listos para servir.

En un plato distribuimos el sofrito, colocamos encima el calamar y decoramos con perejil o cebollino (fresco y picado). Comedlos recién hechos, hay platos que no admiten espera.

Más posibilidades

Seguro que si haces este plato con chipirones quedará igual de rico. Y también si añades unas gambitas al salteado.

Escalopines de buey al oporto

He intentado retirar este plato de la carta de la Masía infinidad de veces, porque hay que prepararlo en el momento y requiere de diferentes pasos que, a veces, cuando tienes que atender muchos fuegos, hace que te retrases. Es un plato quisquilloso al que tengo muy mimado… Me recuerda a un viejo amigo de la familia, natural de la ciudad italiana de Rímini, mi adorado Alberto, que ama la cocina y la vida con el escepticismo propio de los románticos. Mi pequeño homenaje al gran Albertino que me enseñó esta receta.

INGREDIENTES

1/2 kg de solomillo de ternera

100 g de mantequilla

50 g de harina aprox.

1 vaso de vino blanco aprox.

1 vaso de vino de Oporto aprox.

sal

pimienta

ELABORACIÓN

Corto la ternera en medallones finos y luego los aplasto, para dejarlos de un grosor aproximado de 1/2 cm. En una sartén antiadherente fundo la mantequilla y añado los filetes enharinados; es difícil disponer de una sartén tan grande pero se pueden utilizar dos sartenes o dorar los filetes por tandas. Salpimiento y dejo que se doren ligeramente. Vierto el vino blanco y dejo reducir. Ahora saco los filetes de la sartén para que no se cuezan demasiado. Cuando casi se ha evaporado todo el vino, añado la mitad del oporto; casi siempre se produce una llamarada (podemos evitarlo apagando antes el fuego). Cuando empieza a caramelizar añado de nuevo los filetes y los voy impregnando con la salsa. Luego los vuelvo a sacar de la sartén y añado el oporto restante. Cuando empieza de nuevo a caramelizar, introduzco por segunda vez la carne y, en el momento en el que casi no queda salsa, apago el fuego y listo. Están deliciosos con puré de patata y con una ensaladita de rúcula.

Toma nota

Sobre la parte de la ternera a utilizar, os aconsejo redondo o solomillo. Yo siempre lo hago con solomillo, pues las puntas es la parte que uso para esta preparación.

Islas flotantes

*La primera vez que probé este postre en Colombia creí que estaba soñando,
y es que como toda isla que se precie… evoca un sueño.*

INGREDIENTES

11 claras

450 g de azúcar

1 pizca de sal

100 g de almendras tostadas picadas

PARA LA CREMA

11 yemas de huevo

600 ml de leche

600 ml de nata

200 g de azúcar

1 vaina de vainilla

ELABORACIÓN

Monto las claras con varillas eléctricas y le agrego, poco a poco, el resto del azúcar y la pizca de sal. Preparo un caramelo cociendo 125 g de azúcar con unas gotas de agua, sin dejar de remover. Lo reparto en un molde corona y añado las claras montadas. Lo cuezo al baño maría 35 minutos a 165°.

Mientras tanto, hago la crema inglesa. Cuezo la nata con la leche y con la vaina de vainilla abierta para que se repartan las semillas del interior. Le añado el azúcar y, justo antes de que llegue a ebullición, lo retiro y voy añadiendo las yemas, sin dejar de remover con unas varillas manuales.

Lo vuelvo a poner en el fuego y continúo mezclando hasta que se forme una espuma en la superficie. Retiro el cazo del fuego, removiendo siempre, y vuelvo a repetir la operación hasta que la crema espese. (El problema de la crema inglesa es que si hierve la leche, las yemas se cuajan. Por eso hay que tener cuidado en este punto).

Desmoldo la isla y la sirvo bañada con la crema inglesa (o no, depende de los gustos) y con el caramelo y espolvoreada con la almendra picada.

Las claras ¿están montadas?

Para saberlo haz esta prueba: gira un poco el molde y comprueba que no se caen.

Tarta de queso con fresas

Leti, nuestra repostera, o la malabarista de los postres (yo prefiero llamarla así porque hace bailar los ingredientes, las temperaturas y las técnicas sin orden ni concierto), elabora una tarta de queso deliciosa. No ha sido fácil sentarla y que trate de ser exacta en las medidas, pero lo he conseguido y hoy os ofrecemos su «dónde, cómo, cuando quieras...», que es como llamo a su tarta de queso.

INGREDIENTES

250 g de galletas (usamos Digestive)

250 g de queso mascarpone

250 g de queso Philadelphia

125 g de crema agria

125 ml de nata

30 g de maicena

1 cucharada de mantequilla

2 cucharadas de azúcar glas

PARA LA MERMELADA

300 g de fresas

150 g de azúcar

ELABORACIÓN

Trituro las galletas y las mezclo con la mantequilla. Extiendo esta pasta en el fondo de un molde refractario y lo cuezo en el horno 12 minutos a 160°.

Mezclo el resto de los ingredientes y lo vierto en el molde. Horneo de nuevo 35 minutos a 160°.

Si os gusta que quede dorada, subid el horno a 180° los últimos 10 minutos de cocción.

Para la mermelada: cuezo 250 g de fresas lavadas y troceadas con el azúcar hasta que adquiera textura de mermelada y luego lo trituro o lo paso por el chino. Si os gusta notar los trozos, ahorraros este paso.

Desmoldo la tarta y la sirvo decorada con el resto de las fresas y regada con la mermelada.

Un buen truco

Si queréis que la tarta quede más alta, basta con que dupliquéis las cantidades.

Tatín de manzana

Ayer le dicté a mi sobrina este postre para que lo copiara en su libro de recetas. Comencé contándole la famosa anécdota de las hermanas Tatín, que consiguieron, por error, la tarta de manzana más famosa de la historia.

Se barajan tres opciones por las que esta tarta se hornea con la masa por encima y no en su base. Una es que las hermanas estuvieran hablando de sus cosas y se les olvidara poner la masa. Otra, que hablando se les quemaran las manzanas y decidieran taparlas, y la última, que una le contara algo tan escandaloso a la otra, que del susto se le cayera la tarta al suelo. Me quedo con esta versión y os explico esta sencilla tarta.

INGREDIENTES

8 manzanas (mejor reinetas, granny smith o golden)

130 g de mantequilla

150 g de azúcar

masa quebrada (si la quieres hacer, mira la receta de la tortita mediterránea)

ELABORACIÓN

Pelo las manzanas y las corto en cuartos. Fundo la mantequilla en una sartén y añado las manzanas y el azúcar. Las dejo que se doren poco a poco y les voy dando la vuelta hasta que estén tiernas.

Luego, las coloca en el fondo de un molde desmontable hasta que quede cubierto.

Extiendo la masa quebrada y la coloco sobre las manzanas. Retiro la sobrante, pincho la masa con un tenedor y la hornea 35 minutos a 170°.

En el momento de servir le doy la vuelta y a la mesa…

Para saborear

Está deliciosa si la sirves con una crema agria o con una bola de helado de vainilla.

Brownie

En la Masía Romaní, el brownie lleva acompañándonos tantos años como Leticia, nuestra repostera. Nunca he conocido a nadie que le ponga tanto amor a su trabajo. El brownie y Leti son la pareja perfecta. Ella siempre busca el de sus sueños (increíblemente nunca le sale igual) y cuando sale del horno y llena la cocina con su olor, nos contagia de buen humor. Probad a quitaros los enfados, el estrés o el cansancio con un brownie. Tiene algo mágico. O aprovecha tu buen humor para hacer el brownie de tu vida.

INGREDIENTES

220 g de mantequilla

150 g de harina

250 g de azúcar

1/2 cucharadita de levadura

80 g de cacao en polvo

1 pizca de sal

harina

ELABORACIÓN

Fundo 200 g de mantequilla y la mezclo con el cacao. En un cuenco mezclo la harina, el azúcar, la levadura y la sal, y los añado a la mezcla anterior.

Unto un molde con el resto de la mantequilla y lo espolvoreo con harina. Vierto la mezcla en el molde y la cuezo 25 minutos en el horno precalentado a 180°.

Para servirlo lo baño con chocolate y le añado 1 bola de helado.

Pero también…

… decorado con unas frutas rojas; las frambuesas le van fenomenal. O le añadimos a la masa unas nueces picaditas.

agradecimientos

Gracias a nuestra amiga Teresa Peyrí, porque sin ella este libro no sería, ni siquiera, imaginable.

A Roca Editorial por confiar en nosotras.

A Pilar Calleja por su paciencia, correcciones y su maravillosa forma de ayudar sin que lo parezca.

A nuestra familia, por empujarnos y mirarnos desafiantes como si no fuéramos capaces de terminar el reto.

A Leti Badía y Silvia Llopis que lo dieron todo para conseguir, en un tiempo extenuante, elaborar tantas recetas.

A nuestros amigos Roberto Ruiz, Mihoko Izumi, Ihsan El Yamlahi Aouad, Rachida Aouad y Rajae El Yamlahi Aouad por compartir sus cocinas con nosotros.

A nuestra prima Lola Duato que nos ayudó en todo lo que pudo recuperando recetas familiares.

A Luis Carlos Angulo por su paciencia transcribiendo textos y animando a que los escribamos.

A nuestro amigo Andrés Fagalde que, desde su paz en la montaña, colaboró interpretando nuestras recetas y pasándolas al ordenador.

A todos, GRACIAS.

índice de recetas

Zulema Duato

Zulema nació en 1963 en Valencia. Comenzó a cocinar muy joven, porque siempre prefirió la cocina al salón; los fogones le daban seguridad y libertad.

En 1994, junto a su compañero Luis Carlos, abrieron las puertas del restaurante Masía Romaní. Desde entonces, cocina todos los días y lo hace con la ilusión y el respeto del primer día, pero con la experiencia de los años.

Sueña con volver a tener un barco y navegar.

Ana Duato

Cuando Ana nació en 1968 su padre predijo que sería actriz. Desde muy pequeña era observadora, teatrera y silenciosa; muy pronto encaminó sus pasos a la interpretación y, aunque lleva más de treinta años actuando, sigue caminando de puntillas como si fuera una novata.

Ana es actriz pero, sobre todo, es amante de la vida en todas sus versiones. Le gustaría tener tiempo para ser médico, panadera, piloto de aviación, abogada de causas perdidas, nadadora profesional o trapecista.

En este momento interpreta a Mercedes en la serie *Cuéntame cómo pasó*.